Wolfgang Bartz

Die CORBA-Technologie: Eine leistungsfähige Basis für die
Informationssysteme unter Verwendung wiederverwendl

Bibliografische Information der Deutschen Nationalbibliothek:

Bibliografische Information der Deutschen Nationalbibliothek: Die Deutsche Bibliothek verzeichnet diese Publikation in der Deutschen Nationalbibliografie; detaillierte bibliografische Daten sind im Internet über http://dnb.d-nb.de/ abrufbar.

Copyright © 1997 Diplomica Verlag GmbH
Druck und Bindung: Books on Demand GmbH, Norderstedt Germany
ISBN: 9783838604671

http://www.diplom.de/e-book/216431/die-corba-technologie-eine-leistungsfaehige-basis-fuer-die-entwicklung

Wolfgang Bartz

Die CORBA-Technologie: Eine leistungsfähige Basis für die Entwicklung integrierter Informationssysteme unter Verwendung wiederverwendbarer "Geschäftsobjekte"

Diplom.de

Wolfgang Bartz

Die CORBA-Technologie:
Eine leistungsfähige Basis für die Entwicklung integrierter Informations-systeme unter Verwendung wieder-verwendbarer 'Geschäftsobjekte'

Diplomarbeit
an der Universität Koblenz-Landau, Abt. Koblenz
Februar 1997 Abgabe

Diplomarbeiten Agentur
Dipl. Kfm. Dipl. Hdl. Björn Bedey
Dipl. Wi.-Ing. Martin Haschke
und Guido Meyer GbR

Hermannstal 119 k
22119 Hamburg

agentur@diplom.de
www.diplom.de

ID 467

ID 467

Bartz, Wolfgang: Die CORBA-Technologie: Eine leistungsfähige Basis für die Entwicklung integrierter Informationssysteme unter Verwendung wiederverwendbarer 'Geschäftsobjekte' / Wolfgang Bartz - Hamburg: Diplomarbeiten Agentur, 1997
Zugl.: Koblenz, Universität, Diplom, 1997

Dipl. Kfm. Dipl. Hdl. Björn Bedey, Dipl. Wi.-Ing. Martin Haschke & Guido Meyer GbR
Diplomarbeiten Agentur, http://www.diplom.de, Hamburg
Printed in Germany

Diplomarbeiten Agentur

Wissensquellen gewinnbringend nutzen

Qualität, Praxisrelevanz und Aktualität zeichnen unsere Studien aus. Wir bieten Ihnen im Auftrag unserer Autorinnen und Autoren Wirtschaftsstudien und wissenschaftliche Abschlussarbeiten – Dissertationen, Diplomarbeiten, Magisterarbeiten, Staatsexamensarbeiten und Studienarbeiten zum Kauf. Sie wurden an deutschen Universitäten, Fachhochschulen, Akademien oder vergleichbaren Institutionen der Europäischen Union geschrieben. Der Notendurchschnitt liegt bei 1,5.

Wettbewerbsvorteile verschaffen – Vergleichen Sie den Preis unserer Studien mit den Honoraren externer Berater. Um dieses Wissen selbst zusammenzutragen, müssten Sie viel Zeit und Geld aufbringen.

http://www.diplom.de bietet Ihnen unser vollständiges Lieferprogramm mit mehreren tausend Studien im Internet. Neben dem Online-Katalog und der Online-Suchmaschine für Ihre Recherche steht Ihnen auch eine Online-Bestellfunktion zur Verfügung. Inhaltliche Zusammenfassungen und Inhaltsverzeichnisse zu jeder Studie sind im Internet einsehbar.

Individueller Service – Gerne senden wir Ihnen auch unseren Papierkatalog zu. Bitte fordern Sie Ihr individuelles Exemplar bei uns an. Für Fragen, Anregungen und individuelle Anfragen stehen wir Ihnen gerne zur Verfügung. Wir freuen uns auf eine gute Zusammenarbeit

Ihr Team der *Diplomarbeiten* Agentur

Dipl. Kfm. Dipl. Hdl. Björn Bedey —
Dipl. Wi.-Ing. Martin Haschke ——
und Guido Meyer GbR ————

Hermannstal 119 k ————
22119 Hamburg ————

Fon: 040 / 655 99 20 ————
Fax: 040 / 655 99 222 ————

agentur@diplom.de ————
www.diplom.de ————

INHALTVERZEICHNIS

6 DIE CORBA-TECHNOLOGIE ALS INTEGRATIONSBASIS WIEDERVERWENDBARER GESCHÄFTSOBJEKTE 92

Abbildungsverzeichnis

Verzeichnis der Akronyme

ABB	Asea Brown Boveri
ACL	Access Control List
API	Application Program Interface
BAPI	Business Application Programming Interface
BOA	Basic Object Adapter
BOD	Board of Directors
BODTF	Business Object Domain Task Force
BOF	Business Object Facility
CHASSIS	Configurable Heterogeneous And Safe Secure Information Systems
CDS	Cell Directory Service
CIOP	Common InterORB Protocol
CBO	Common Business Object bzw. Cooperative Business Object
COM	Component Object Model
CORBA	Common Object Request Broker Architecture
DCE	Distributed Computing Enviroment
DCOM	Distributed Component Object Model
DNS	Domain Naming Service
DSI	Dynamic Skeleton Interface
DII	Dynamic Invokation Interface
DSS	Diskless Support Service
DTS	Distributed Time Service
EAS	Eagle Architecture Specification
EDI	Electronic Data Interchange
ESIOP	Enviroment Specific InterORB Protocol
GDA	Global Directory Agent
GDS	Global Directory Service
GIOP	General InterORB Protocol
GUI	Graphical User Interface
IDL	Interface Defintion Language

IIOP	Internet InterORB Protocol
IOR	Interoperable Object Reference
LOI	Letter of Interest
OOAD	Objektorientierte Analyse und Design
OID	Object Identifier
OMA	Object Management Architecture
OMG	Object Management Group
OMT	Object Modeling Technique
OMTF	Object Model Task Force
ORB	Object Request Broker
OSA	Open Scripting Architecture
OTS	Object Transaction Service
PDS	Persistent Data Service
PID	Persistent Identifier
PO	Persistent Object
POM	Persistent Object Manager
RFP	Request for Proposal
RPC	Remote Procedure Call
SOM	System Object Model
SPU	Softwareproduktionsumgebung
SQL	Structured Query Language
UML	Unified Modeling Language
UTC	Universal Time Coordinated
UUID	Unique User Identifier
WAN	Wide Area Network
WWW	World Wide Web

2   Der Wandel der Organisation

Zur Zeit erfährt die gesamte Weltwirtschaft einen Strukturwandel, welcher den Übergang von starren und monolithischen Funktionsstrukturen zu flexiblen, verteilten Organisationseinheiten erfordert. Die Gründe hierfür sind vielfältiger Natur, jedoch lassen sich zwei Aspekte als vordergründig ursächlich anführen.

KARER und MÜLLER sprechen von einem Übergang von der Industrie- zur Informationsgesellschaft, in der Information als Ware gehandelt wird. Der wachsende Informationsbedarf wird durch eine ständig aktualisierte Kommunikationstechnologie befriedigt, welche im Gegenzug wiederum ein höheres Potential an Möglichkeiten des Informationsaustausches zur Verfügung stellt. Durch die weltweite Vernetzung bedingt diese Entwicklung eine bisher unbekannte Transparenz der Absatz- und Beschaffungsmärkte. Um die Konkurrenzfähigkeit zu gewährleisten, sind tiefgreifende Änderungen in der Ablauf- und Aufbauorganisation der einzelnen Unternehmen notwendig. Der tayloristische Grundgedanke einer strikten Zerlegung von betrieblichen Funktionen in starre hierarchische Strukturen erweist sich als ungeeignet. Der Trend geht zu prozeßorientierten, verteilten Informationseinheiten, welche sich selbständig verwalten. Hier existiert eine Analogie zur Entwicklung der Hardware- und Softwarearchitekturen, deren ursprügliche monolithische Struktur hin zu modularen, verteilten Systemen tendiert (vgl. Karer/Müller (1994), S. 6-15).

Des weiteren sind laut DONOVAN geänderte geschäftliche Beziehungen in Form von politischen und wirtschaftlichen Partnerschaften, insb. die wachsenden Geschäftsbeziehungen mit Osteuropa und China für den Wandel der Organisationen verantwortlich. Zur Zeit wächst die internationale Weltwirtschaft in einem vorher unbekannten Ausmaß an, so daß an die für die Unternehmen sowohl strategisch als auch operativ verwendeten Informationssysteme hohe Anforderungen bzgl. Qualität, Kosten und Entwicklungszeit gestellt werden müssen (vgl. Donovan (1994), S. 13-16). Aufgrund des Wechsels vom Anbietermarkt zum Käufermarkt ist der Kunde nicht wie früher abhängig von einem Anbieter, sondern hat i.d.R. die Auswahl unter mehreren Produktherstellern bzw. Dienstleistern. Bedingt durch diesen Sachverhalt sind die Unternehmen genötigt, sehr viel flexibler auf geänderte Marktanforderungen zu reagieren, wobei der zuvor erwähnte Einsatz moderner Kommunikationstechnologien sowie eine Neuorganisation der Unternehmung notwendig sind.

Zusammenfassend läßt sich feststellen, daß der Wandel im Umfeld der Unternehmen diese zwingt, sich den Neuanforderungen zu stellen und erhebliche

Veränderungen in ihrer Organisation sowie in der von ihnen verwendeten Informationstechnologie durchzuführen. Der Schwerpunkt dieser Arbeit liegt auf neuen Tendenzen in der Softwareentwicklung; aus diesem Grund gehen wir auf die Konzepte des Reengineering nicht näher ein, obwohl sich der maximale Nutzen natürlich aus der Synergie der beiden Strategien ergibt.

Im nächsten Kapitel werden kurz konventionelle Softwarearchitekturen betrieblicher Informationssysteme sowie der laufende Entwicklungsprozeß kurz beschrieben. Nach dem Aufzeigen der mit den herkömmlichen Strukturen verbundenen Nachteile werden die Hoffnungen bezüglich der neuen Technologieansätze erläutert. Den Abschluß des folgenden Kapitels bildet eine inhaltliche Übersicht dieser Diplomarbeit.

2.1 Gegenwärtiger Entwicklungsstand betrieblicher Informationssysteme

Ausgangspunkt unserer Analyse ist die Präsentation heutiger Softwarearchitekturen sowie deren Entwicklungsprozeß. Die Dokumentation der aktuell verwendeten Techniken erwies sich als relativ schwieriges Unterfangen, da kaum repräsentative Statistiken der eingesetzten Methoden und der aus diesen resultierenden Anwendungssystemen existieren. Die Basis für die folgende Darstellung stützt sich größtenteils auf den Lehrschwerpunkt der Informatik der letzten Dekade. Die Nutzungsdauer einer Softwareapplikation erstreckt sich nach STAHLKNECHT über 15 Jahre, insofern kann davon ausgegangen werden, daß die Mehrzahl der Systeme auf dem technischen Know-How der achtziger Jahre basiert (vgl. Stahlknecht (1995), S. 242). Auch die Modifikation der Vorgehensmodelle scheint wegen der teuren Mitarbeiterschulungen ebenfalls relativ langsam zu erfolgen. Aus diesem Grund trifft die folgende Bestandsaufnahme auf den größten Teil der Unternehmungen zu, die Ausnahme bilden wenige Technologieführer, welche frühzeitig mit der Realisierung neuer Forschungsansätze begonnen haben.

2.1.1 Konventionelle Systemarchitekturen

Hardware

In der Vergangenheit beherrschten zwei Entwicklungstendenzen die Hardwarearchitekturen, deren industrieller Einsatz etwa in den sechziger Jahren seinen Anfang nahm. Charakteristisch für diese Epoche waren Großrechner, mittels derer grundlegende Funktionalitäten der Datenverarbeitung eines Unternehmens bzw. einer Forschungseinrichtung, wie bspw. Datenspeicherung oder technische Berechnungen, realisiert werden konnten. Anfang der achtziger Jahre ermöglichte der als Arbeitsplatzrechner fungierende 'persönliche' Computer (Personalcomputer oder PC) eine Revolution bzgl. der Entwicklung und Verbreitung neuer Technologien. Aufgrund steigender Leistungsfähigkeit bei sinkenden Kosten wurden PCs zunehmend im unternehmerischen Umfeld eingesetzt, wo sie mittels lokaler Netzwerke verbunden wurden (vgl. Karer/Müller (1994), S. 29-36). Zusammengefaßt besteht ein repräsentatives Informationssystem hardwaretechnisch aus einem Großrechner, welcher über ein lokales Netzwerk mit den einzelnen Arbeitsplatzrechnern kommuniziert.

Software

Analog zu den technischen Systemen entwickelten sich die entsprechenden Softwaresysteme, welche wir in Anwendungsapplikationen, Betriebssysteme sowie Softwareentwicklungsumgebungen unterteilen, wobei anzumerken ist, daß die Innovationen auf diesem Sektor im Vergleich zum Hardwarebereich weitaus bescheidener ausfallen. Auf die ersten beiden Kategorien gehen wir nicht weiter ein, sondern widmen uns direkt den Programmiertechniken, deren zugrunde liegenden Sprachen sich in mehrere Generationen gliedern. Bezüglich der heute eingesetzten Softwareapplikationen wurden bzw. werden i.a. Programmiersprachen der dritten sowie vierten Generation verwendet, welche sich durch die nachfolgenden Eigenschaften kennzeichnen:

Die dritte Generation brachte die problemorientierten Sprachen hervor, welche jeweils auf ein bestimmtes Anwendungsgebiet zugeschnitten sind. Wichtige Merkmale sind die Trennung von Funktionen und Daten sowie der prozedurale Programmablauf. Diese Eigenschaften werden auch als funktional bezeichnet und bedeutet, daß die Applikationen aus einer Sequenz von Einzelanweisungen bestehen, welche Aktionen ausführen. Neuere Sprachen wie Modula-2 unterstützen eine modulare Programmarchitektur, indem einzelne Komponenten über definierte Schnittstellen kommunizieren können.

Während Sprachen der dritten Generation implementieren, wie die Aktionen abzuarbeiten sind, beschreibt die nachfolgende Entwicklung, was zu tun ist. Diese deskriptiven Sprachen werden auch als datenorientiert bezeichnet und finden ihre bekannteste Realisierung in SQL (Structured Query Language) (vgl. Stahlknecht (1995), S. 101-106).

2.1.2 Traditioneller Softwareentwicklungsprozeß

Vorgehensmodell

Jeder Lösungsprozeß einer komplexen Aufgabe, zu der die Entwicklung eines Softwaresystems zweifelsohne zählt, erfordet idealerweise ein Vorgehensmodell, welches die zeitlichen und logischen Abläufe der einzelnen Projektschritte dokumentiert. Die Basis des ersten publizierten Entwicklungsprozesses ist das sog. Wasserfallmodell, das die folgenden grundlegenden Phasen besitzt (vgl. Boehm (1976), S. 1227):

- Anforderungsanalyse
- Entwurf (Grob- bzw. Feinentwurf)
- Entwicklung/Test
- Einsatz/Wartung

Eine charakteristische Eigenschaft besteht darin, daß nach dem erfolgreichen Abschluß einer Phase grundsätzlich die nachfolgende ausgeführt wird. So ist z.B. nicht vorgesehen, nach einer validierten Entwurfsphase nochmals die Anforderungsanalyse zu durchlaufen. Die Originaldefinition des Wasserfallmodells wurde in vielfältiger Weise durch Modifikationen verbessert, wobei jedoch der Grundgedanke des sequentiellen Ablaufs erhalten blieb.

Eine Neuentwicklung stellt das Spiralmodell dar, das von BOEHM ursprünglich als risikoorientiertes Vorgehensmodell konzipiert wurde. Die grundlegende Verbesserung gegenüber dem Wasserfallmodell besteht in der Iteration mehrerer Prototypenentwicklungen, wobei idealerweise der letzte Zyklus das Endprodukt hervorbringt (vgl. Boehm (1988), zitiert nach: Hetzel-Herzog (1994), S. 25).

Methoden

Die Methodik zum Entwurf und zur Implementierung von Informationssystemen der letzten beiden Dekaden wurde bestimmt von Techniken, welche unter dem Begriff strukturierte Vorgehensweisen zusammengefaßt werden. Kennzeichnendes Merkmal für dieses Paradigma ist die strikte Trennung von Daten und den auf diesen operierenden Funktionen, welche die Existenz von datenorientierten und von datenflußorientierten Verfahren bedingt. Die grundlegende Technik zur Datenmodellierung ist das Entity-Relationship-Modell, welches seit seiner Erstpräsentation 1976 vielfach erweitert wurde und heute noch stark verbreitet ist (vgl. Chen (1976), S. 9-36).

Zur funktionsorientierten Sicht auf Informationssysteme haben sich die strukturierte Analyse sowie das strukturierte Design als Modellierungswerkzeug für Datenflüsse in der Praxis durchsetzen können. In der Anforderungsanalyse werden Datenflußdiagramme zur Modellierung der einzelnen Aktivitäten sowie Datenspeicher verwendet, während ein Data Dictionary und Minispezifikationen die Daten und Prozesse näher beschreiben. In mehreren Hierachieebenen werden mittels funktionaler Dekomposition die einzelnen Prozesse definiert, während der Informationsaustausch durch Datenflüsse modelliert wird (vgl. DeMarco (1979), zitiert nach: Ferstl/Sinz (1993), S. 130-133).

Der auf diesem Modell aufbauende strukturierte Entwurf beschreibt die Systemarchitektur und legt die einzelnen Module sowie deren Schnittstellen fest.

2.2 Nachteile der konventionellen Systementwicklung

Die traditionellen Entwicklungsmethoden betrieblicher Informationssysteme beinhalten eine Vielzahl von Unzulänglichkeiten, was insb. im Spannungsdreieck Entwicklungsdauer/Kosten/System-qualität zum Ausdruck kommt. Trotz zahlreicher Modifikationen besitzen die aktuellen Vorgehensweisen zur Informationssystementwicklung noch immer erhebliche Mängel, welche wir, differenziert nach Anwendungssystem und Entwicklungsprozeß, nachfolgend analysieren.

2.2.1 Mängel konventioneller Informationssysteme

Hardware

Der monolithische Charakter sowie die unzureichende Skalierbarkeit konventioneller Systemarchitekturen machen sich negativ bemerkbar, insb. kann die Leistung der Großrechner nicht an die individuellen Bedürfnisse der Anwender angepaßt werden.

Software

Der Begriff Insellösungen beschreibt in charakteristischer Weise die Unzulänglichkeiten heutiger Informationssysteme. Es existiert eine große Zahl von Applikationen, welche häufig redundanter Art sind und die funktionale Aufbauorganisation der entsprechenden Unternehmung widerspiegeln. Der gravierende Nachteil ist die fehlende Interoperabilität der einzelnen Anwendungen untereinander, wodurch ihre Integration auf Applikationsebene verhindert wird. Bestenfalls findet ein Informationsaustausch durch die gemeinsame Nutzung von Datenbanken statt. Der Systemaufbau ist i.d.R. von monolithischem Charakter; selten wurden bisher konsequent modulare Komponenten verwendet. Die Folgen der Verwendung dieser Architektur äußern sich in zwei Aspekten: Zum einen läßt sich das Informationssystem an veränderte Bedingungen nur sehr schwer adaptieren. Man rufe sich die Umstellung der Postleitzahlen in Deutschland 1993 in Erinnerung, nicht selten war die vorgegebene Länge der Postleitzahl fest vorgegeben und konnte nicht auf fünf Stellen erweitert werden; die Datumsumstellung zur Jahrtausendwende wird ähnliche Probleme mit sich bringen. Zum anderen sind die vorhandenen Systeme häufig schlecht oder gar nicht dokumentiert, so daß sich der Wartungsaufwand, der ca. 2/3 der gesamten Entwicklungs- und Betriebskosten in Anspruch nimmt, sich in nächster Zeit stark erhöht und somit viele Anwendungen nicht mehr rentabel arbeiten.

2.2.2 Nachteile der Entwicklungsmethodiken

Vorgehensmodell

Der Hauptkritikpunkt des Wasserfallmodells ist die starre Sequenz der einzelnen Projektphasen, welche erst vollständig validiert sein müssen, bevor die nachfolgende Phase erreicht werden kann. Eine Iteration der Entwicklungsphasen ist i.a. nicht vorgesehen, in einigen Varianten besteht jedoch die Möglichkeit, aus jeder Phase wieder in die Anforderungsspezifikation zu gelangen, falls dieser „Neubeginn" notwendig erscheint. In Anlehnung an HETZEL-HERZOG besitzen konventionelle Vorgehensmodelle folgende Mängel (vgl. Hetzel-Herzog (1994), S. 246):

- Die technische Durchführbarkeit des Entwurfs kann erst sehr spät überprüft werden.
- Die Analyse- und Entwurfsmodelle beinhalten eine große Komplexität.
- Ein sehr großer Aufwand ist nötig, um alle Dokumente inkl. ihrer Querbezüge zu verwalten.
- Der erste ablauffähige Quellcode wird dem Auftraggeber zu spät ausgeliefert, so daß auch eine Überprüfung der Anforderungen erst zu einem sehr späten Zeitpunkt erfolgen kann.

Abhilfe schafft das Spiralmodell, bei dem bereits ein inkrementelles Durchlaufen der Entwicklungsphasen vorgesehen ist, wobei sich der Prototyp in jeder Iteration dem gewünschten System immer mehr annähert. Als nachteilig erscheint jedoch die fehlende Unterstützung moderner Techniken, wie bspw. dem Management wiederverwendbarer Komponenten bzw. Richtlinien zur Entwicklung verteilter Systeme.

Methoden

Trotz ihrer weiten Verbreitung bringen strukturierte Vorgehensweisen eklatante Schwächen mit sich, die den Übergang zu weiterentwickelten Verfahren nahelegen. Ein gravierender Nachteil ist die Trennung von Funktionen und Daten, welche in der Realität nicht vollzogen wird. Dieses Modellierungskonzept bildet die reale Welt nur ungenau ab und erhöht die Komplexität des Analysemodells. Der zweite große Nachteil ergibt sich laut STEIN bereits aus einer Eigenschaft der strukturierten Softwareentwicklung: Zwischen dem Analyse- und dem Entwurfsmodell besteht ein Strukturbruch, welcher durch die unterschiedlichen Eigenschaften der beiden Modelle verursacht wird und ein methodenimmanentes, typisches Merkmal der strukturierten Softwareentwicklung ist. Die Inkonsistenz ergibt sich aus der fehlenden Möglichkeit, das Analysemodell direkt in ein Entwurfsmodell zu überführen (vgl. Stein (1994), S. 20-21).

2.3 Anforderungen an zukünftige Informationssysteme

Zur Eliminierung der zuvor dokumentierten Nachteile sind eine Vielzahl von Modifikationen notwendig. Der folgende Überblick beschreibt die Forschungsschwerpunkte der Industrie bzw. Universitäten zur effizienten Entwicklung qualitativ hochwertiger Informationssysteme und bildet gleichzeitig den Anforderungskatalog der in dieser Arbeit beschriebenen Technologien.

2.3.1 Eigenschaften zukünftiger Informationstechnologien

Hardware

Eine wichtige Forderung unter wirtschaftlichen Aspekten ist die Skalierbarkeit der Hardware- und Softwaresysteme. Diese Eigenschaft erzwingt den modularen Aufbau der jeweiligen Architekturen, wobei die einzelnen Komponenten leicht in das Gesamtsystem integriert werden können. Auf der Hardwareebene werden die Großrechner durch verteilte Systeme ersetzt, in denen mehrere Prozessorelemente durch ein Netzwerk verbunden sind. Die auf diese Weise entstehenden Architekturen entsprechen den geänderten Organisationstrukturen, welche sich vom funktionalen Aufbau zur Prozeßorientierung wandeln.

Software

Heutzutage kann es sich kein Unternehmen mehr leisten, von einem bestimmten Herstellerstandard abhängig zu sein. Hieraus resultiert die Forderung nach interoperablen Softwarekomponenten, die zu komplexen Informationssystemen integriert werden können, wodurch Insellösungen vermieden werden. Die Hoffnung liegt in herstellerübergreifenden Standardisierungen bgzl. der einzelnen Komponentenschnittstellen sowie in der Entwicklung von Plattformen zur Integration dieser Softwarebausteine.

18

2.3.2 Entwicklung von Informationssystemen

Vorgehensmodell

In Zukunft müssen neue Entwicklungsparadigmen, wie bspw. der massive Einsatz wiederverwendbarer Komponenten, sowie Integrationstechnologien effizient eingesetzt werden, um in kurzer Entwicklungszeit qualitativ hochwertige Software erstellen zu können. Ein modifiziertes Vorgehensmodell muß die zielgerichtete Suche nach wiederverwendbaren Softwaredokumenten berücksichtigen. In nahezu jeder Phase des Entwicklungszyklus' sollte die Möglichkeit bestehen, in unternehmenseigenen oder öffentlichen Bibliotheken alle Dokumenttypen, wie bspw. Entwurfsmuster, Programmcode oder auch Testdaten, zu suchen und zu benutzen. Um überhaupt Bibliotheken mit Softwaredokumenten zu erstellen und zu pflegen, sollten möglichst bei jeder Systemerstellung wiederverwendbare Komponenten entwickelt und daraufhin mit einer genauen Beschreibung der Semantik archiviert werden.

Außerdem ist die weitestgehende Fehlerlosigkeit der zu entwickelnden Anwendungssysteme zu gewährleisten. Eine konsequente Einhaltung der Norm ISO 9000 in allen Phasen der Softwareerstellung würde die Einhaltung der von den Kunden gewünschten Qualitätsnorm ermöglichen.

Zusätzlich ist eine Phase im Entwicklungszyklus notwendig, in der die einzelnen Komponenten auf unterschiedliche Lokalitäten verteilt oder mehrere Anwendungsapplikationen in ein Gesamtsystem integriert werden.

Der Kunde muß die Möglichkeit erhalten, seine Anforderungen an das zu entwickelnde Informationssystem möglichst schnell zu evaluieren. Hier existieren bereits Ansätze zum Prototyping, welche durch die Auswahl einer geeigneten Implemetierungssprache unterstützt werden sollten.

Zukünftige Vorgehensmodelle unterscheiden sich in vielfältiger Weise von den etablierten Techniken wie Wasserfall- bzw. Spiralmodell. Die Einbindung wiederverwendbarer Komponenten läßt ein kostengünstigeres und qualitativ hochwertiges Vorgehen zu, weil derartige Softwaredokumente in verifizierter Form vorliegen.

Methoden

Die Anforderungen an moderne Analyse-, Entwurfs- und Programmiermethoden beziehen sich in erster Linie auf entsprechende Modelle, welche bei einem Phasenübergang keine Strukturbrüche aufweisen. Aus diesem Grund wird ein durchgehendes Modellierungskonzept benötigt, das seinen Ursprung in der

Anforderungsanalyse hat und in der Entwurfs- bzw. Entwicklungsphase um weitere Komponenten ergänzt wird. Zur Erstellung betrieblicher Informationssysteme sind jedoch noch weitere Modifikationen notwendig, welche insb. das Geschäftsmodell möglichst ohne semnatische Verluste in ein Informationsmodell transformiert.

2.4 Aufbau und Zielsetzung der Diplomarbeit

Der oben beschriebene Anforderungskatalog zukünftiger Informationstechnologien liefert den Untersuchungsgegenstand dieser Arbeit und bewertet die Potentiale neuer Paradigmen zur Entwicklung integrierter Informationssysteme. Den Schwerpunkt bildet dabei die Wiederverwendung marktkäuflicher Komponenten, welche mit Hilfe von Plattformen zu lauffähigen Softwaresystemen integriert werden können.

Das nachfolgende Kapitel beinhaltet die theoretischen Grundlagen der Wiederverwendung, wobei insbesondere neue Konzepte, wie komponentenorientierte Softwarebausteine, berücksichtigt werden.

Der zweite Themenbereich liegt in dem Vergleich der z.Z. wichtigsten Plattformen zur Integration von Anwendungssystemen, nachdem die Voraussetzungen und Eigenschaften integrierter Informationssysteme beschrieben wurden. Die theoretische Betrachtung umfaßt als einen wichtigen Punkt semantische Referenzsysteme auf den einzelnen Ebenen der Anwendungssysteme.

Die Idee der Geschäftsobjekte wird im fünften Kapitel dokumentiert, insbesondere werden die unterschiedlichen Ansätze zur Begriffsbestimmung dieses neuen Architekturmodells beschrieben. Nach einer kurzen Präsentation ausgewählter Produkte definieren wir einen Anforderungskatalog für die Entwicklung und Verwendung von Businessobjekten, welcher die Basis für die nachfolgenden Kapitel liefert.

Die technische Dokumentation der CORBA-Technologie bildet das sechste Kapitel, wobei hier das Ziel verfolgt wird, Aspekte bzgl. der Eignung von Geschäftsobjekten in den Vordergrund zu stellen. Im einzelnen werden aus diesem Grund auf die Interoperabilität und Sicherheitsmechanismen besonderen Wert gelegt.

Den Abschluß der Arbeit bildet die kurze Beschreibung eines modifizierten Vorgehensmodells, welches sich für die Entwicklung integrierter Softwaresysteme auf der Grundlage wiederverwendbarer Geschäftsobjekte eignet. Wir beschreiben die einzelnen Phasen, wobei schwerpunktmäßig Techniken zum Finden geeigneter Businessobjekte bzw. die Integration einzelner Komponenten untersucht werden.

3 Effiziente Softwareentwicklung durch Wiederverwendung

Softwaresysteme besitzen durch ihre speziellen Eigenschaften ein hohes Wiederverwendungspotential. Im Gegensatz zu anderen ingenieurwissenschaftlich entwickelten Konstrukten erfährt Software keine physische Abnutzung, des weiteren sind die Kosten für die eigentliche Produktion vernachlässigbar gering. Trotz dieser sehr günstigen Vorbedingungen werden jedoch größtenteils teure Neuentwicklungen konstruiert, anstatt daß bereits erstellte Dokumente[3] Verwendung finden. Obwohl dieses Paradigma schon auf der ersten Software-Engineering-Tagung manifestiert wurde, erfolgt die Wiederverwendung in der Softwareentwicklung bis heute nur in eingeschränktem Maße, so daß die potentiellen Möglichkeiten keinesfalls ausgenutzt werden.

In diesem Kapitel analysieren wir insbesondere neue Techniken der Wiederverwendung und schließen mit den Grenzen des Paradigmas.

3.1 Einflußgrößen der Wiederverwendung

Nach Darstellung der motivierenden Eigenschaften der Mehrfachverwendung betrachten wir deren unterschiedliche Ausprägungen und gehen der Frage nach, weshalb sich der erhoffte Erfolg bisher nicht eingestellt hat.

3.1.1 Motivation

Auf den ersten Blick scheint es verwunderlich, daß gerade in der Softwareentwicklung der Grad der Mehrfachverwendung relativ klein ist. Der reine Produktionsprozeß ist unter den Einflußgrößen Qualität, Kosten und Zeit äußerst gering, während der Konstruktionsprozeß[4] fast den gesamten Kosten- und Zeitaufwand in Anspruch nimmt. Diese für Software wesentliche Eigenschaft

---

[3]Hier sind alle Ideen, Spezifikationen, Testdaten, Programmcodes etc. zusammengefaßt.

[4]Die Phase Betrieb und Wartung werden an dieser Stelle nicht betrachtet, im Lebenszyklus eines Systems fallen in dieser Phase die meisten Kosten an.

wird verstärkt durch die Tatsache, daß ein Dokument keinem physischen Verschleiß unterliegt.

Die aufgezeigten Gründe legen dar, daß während der Applikationsentwicklung erstellte Dokumente für einen hohen Wiederverwendungsgrad prädestiniert zu sein scheinen. Analysiert man betriebliche Informationssysteme, so kommt man zu dem Schluß, daß sich ein großer Teil der Funktionalität generalisieren läßt. Auf Implementierungsebene lassen sich z.B. Klassenbibliotheken zur Generierung von Benutzerschnittstellen oder zur Dateiverwaltung mehrfach verarbeiten, in der Phase der Analyse können branchenspezifische Objektmodelle eingesetzt werden.

Neben der Zeit- und Kostenreduktion hat die Wiederverwendung noch einen weiteren positiven Nebeneffekt. Mit jedem Einsatz eines Dokumentes können Fehler entdeckt und eliminiert werden; so beinhaltet ein häufig eingesetztes Dokument i.d.R. weniger Fehler, da es aufgrund einer vielfachen Anwendung einem gewissen Reifeprozeß unterliegt. Zudem sind in der letzten Zeit neue Vorgehensweisen entwickelt worden, welche im folgenden diskutiert werden.

3.1.2 Ausprägungen

Das Zurückgreifen auf bereits vorhandene Dokumente ist in jeder Phase des Entwicklungszyklus' möglich, zur Differenzierung der Techniken unterscheiden wir zwei grundlegende Ansätze: Der Top-Down-Ansatz umfaßt Techniken zur Generierung von Dokumenten, während die Bottom-Up-Strategie die Zusammensetzung vorhandener Komponenten beschreibt (vgl. Frank (1994), S. 46).

Strategien zum Top-Down-Ansatz

Dieser Bereich beschreibt den Einsatz wiederverwendbarer Anwendungsentwürfe, mit deren Hilfe die individuellen Systemspezifikationen generiert werden. Die Komplexität der vorhandenen Lösungen erstreckt sich über die Beschreibung effizienter Sortieralgorithmen bis hin zur Spezifikation komplexer Datenstrukturen, beispielsweise zur Einführung des überbetrieblichen Datenaustausches mittels Electronic Data Interchange (EDI) (vgl. Frank (1994), S. 54-56). Dieses Themengebiet wird in der aktuellen Forschung unter der Bezeichnung Entwurfsmuster aufgegriffen, welches wir im weiteren Verlauf diskutieren werden. Des weiteren wird mit Hilfe von Anwendungsgeneratoren aus einer Entwurfsspezifikation ein Quellcodegerüst erstellt, welches im weiteren

Verlauf entsprechend der zu entwickelnden Anwendung ergänzt wird. Nach meiner Ansicht sind Anwendungsgeneratoren in ihrer Leistungsfähigkeit zu stark eingeschränkt, da die Forschung der automatischen Codegenerierung, welche ehrgeizigen Ansprüchen genügt, sich erst in der Anfangsphase befindet.

Techniken zur Komposition von Softwarebausteinen

Die zweite Ausprägung gestaltet sich durch das Zusammensetzen vorgefertigter Softwarekomponenten, welche mittels spezifischer Bibliotheken zur Verfügung gestellt werden. Die Philosophie dieses Ansatzes besteht darin, daß die Hauptaktivitiäten zukünftiger Systementwicklungen weniger in der Konstruktion von Programmcode liegen, sondern die Suche nach bereits entwickelten Komponeten und deren Integration[5] zu einem Informationssystem im Mittelpunkt der Aktivitäten steht. Die Motivation dieser Vorgehensweise beruht auf der Tatsache, daß bereits für viele Anwendungsbereiche Softwarelösungen existieren, so daß aus diesem Grund Neuentwicklungen nicht mehr notwendig sind, falls bereits vorhandene Bausteine mittels einer Bibliothek zeit- und kostengünstig zur Verfügung gestellt werden. Laut BIGGERSTAFF und RICHTER gibt es vier Phasen zur Komposition einzelner Bausteine (vgl. Biggerstaff/Richter (1989), S. 5-8):

1. Finden der Komponenten

Der Erfolg dieser Phase ist grundlegend entscheidend für die Akzeptanz der Komponentenbibliotheken. Gestaltet sich der Suchprozeß nach einem geeigneten Softwarebaustein zu zeit- und kostenintensiv, werden die Vorteile dieses Verfahrens relativiert und somit ist es keine geeignete Alternative mehr zur Eigenentwicklung. Folglich sind leistungsfähige Suchwerkzeuge gefordert, welche auf komfortable Weise geeignete Bausteine lokalisieren und dem Anwender zur Verfügung stellen. Wegen ihrer essentiellen Bedeutung werden wir uns im Rahmen des Phasenmodells intensiv mit Werkzeugen und Suchstrategien beschäftigen.

---

[5] Der Begriff Integration wird im nachfolgenden Kapitel ausführlich erläutert.

2. Verstehen der Komponenten

Hat man mittels Suchverfahren geeignete Softwaredokumente ermittelt, so muß durch die Semantik überprüft werden, ob der entsprechende Baustein verwendet werden kann. Handelt es sich um ein Modul bzw. Unterprogramm, so kann die Betrachtung der Schnittstelle evtl. Aufschluß über das Verhalten der Komponente geben. Für eine effiziente Auswertung ist allerdings in jedem Fall eine konkrete Beschreibung der Semantik gefordert, so daß schnell über die Wiederverwendbarkeit entschieden werden kann.

3. Modifizieren der Komponenten

Obwohl BIGGERSTAFF und RICHTER den Modifikationsprozeß als selten umgänglichen Schritt sehen, ist an dieser Stelle Vorsicht angebracht (vgl. Biggerstaff/Richter (1989), S. 7). Es können nicht berechenbare Seiteneffekte entstehen, außerdem ist bei einer Adaption i.d.R. ein hoher Zeitaufwand für das Verständnis der programmiertechnischen Abläufe zu veranschlagen. Des weiteren ist der, evtl. durch häufige Wiederverwendung ohne Veränderungen, entstandene Qualitätsstandard nach einer Modifikation nicht mehr gewährleistet. Nach meiner Ansicht bieten sich zur Lösung zwei Möglichkeiten an. Der Grad der Modifikation sinkt i.a., falls eine Vielzahl potentieller alternativ einsetzbarer Bausteine existiert; diese Situation wird bei umfangreichen Bibliotheken und leistungsfähigen Suchwerkzeugen eintreten. Die notwendigen Adaptionen sind wegen der größeren Auswahl weniger umfangreich und sollten über spezielle Parameter erfolgen. Die zweite Möglichkeit besteht in der Verwendung von sog. Componentware, die mittels Integrationsplattformen kommunizieren kann, wobei die entsprechenden Techniken später beschrieben werden.

4. Zusammensetzen mit anderen Komponenten

Die letzte Phase beschreibt die Komposition der einzelnen Bausteine zu einem Anwendungssystem, wobei die Gestalt der Komponenten die Komplexität des Integrationsprozesses bedingt. In konventionellen Verfahren gestaltete sich das Zusammensetzen der Softwarebausteine entweder als Kopieren der diversen Quelltexte oder als Einbinden von Objektcodedateien (vgl. Appelfeller (1995), S. 42).

3.1.3 Voraussetzungen

Die oben beschriebenen Potentiale zur Mehrfachverwendung können nur dann von der Theorie in die Praxis umgesetzt werden, wenn eine Reihe von Anforderungen erfüllt ist. In Anlehnung an FRANK gibt es eine Menge von Ursachen für den bisher fehlenden Erfolg der Ansätze, welche grob in drei Bereiche unterteilt werden können (vgl. Frank (1994), S. 64):

Entwickler

Viele Programmierer definieren ihre berufliche Entfaltung über das Entwerfen und Kodieren ihrer eigenen Programme, anstatt über das Zusammensetzen vorhandener und getesteter Komponenten zu Anwendungssystemen. Dieses Phänomen wird auch als „not invented here"-Syndrom bezeichnet und erklärt sich häufig aus der Unverzichtbarkeit der Entwickler, die i.a. als einzige ihre Programme warten können. Die fehlende Akzeptanz wird verstärkt durch die mangelnde Vertrautheit und Erfahrung mit modernen Technologien[6] bzw. Methoden zur Entwicklung geeigneter Komponenten.

Unternehmensleitung

Den verantwortlichen Managern fehlt häufig das Verständnis für das Potential wiederverwendbarer Konstrukte, deren Entwicklung teurer ist als die Erstellung konventioneller Anwendungssysteme. Diese durch den Aufbau einer Komponentenbibliothek verursachten Kosten werden allerdings durch die mehrfache Verwendung der Bausteine schnell wieder relativiert.

Des weiteren müssen die Entwickler angehalten werden, geeignete Komponenten zur Wiederverwendung zu entwerfen, um die oben beschriebenen Motivationsschwächen zu eliminieren. Die Entwicklung eines Gratifikationssystems in Abhängigkeit vom Grad der Wiederverwendbarkeit könnte ein Weg in diese Richtung sein.

Werkzeuge

In erster Linie sind unausgereifte Werkzeuge zur Identifizierung geeigneter Komponenten sowie das bisherige Fehlen von Integrationsplattformen verantwortlich für die mangelnde Umsetzung der theoretischen Ansätze in die Praxis. Zwei wichtige Voraussetzungen für die Entwicklung und den Vertrieb ein-

---

[6]Als Beispiel läßt sich die Objekttechnologie anführen.

zelner Komponenten sind deren Standardisierung sowie das Bereitstellen einer Plattform, mittels derer alle Komponenten unabhängig von ihrer Implementierungssprache und ihren Hardwareanforderungen zu komplexen Anwendungssystemen integriert werden können.

Der Erfolg des Paradigmas Wiederverwendung ist demnach abhängig von der Einhaltung folgender Voraussetzungen:

- Abbau des „not invented here"-Syndroms
- Einführung eines Gratifikationssystems, um einen hohen Wiederverwendungsgrad zu belohnen
- Einsicht des Managements bzgl. der ökonomischen Bedeutung eines hohen Wiederverwendungsgrades
- Einsatz leistungsfähiger Software-Entwicklungs-Umgebungen
- Schaffung eines Marktes für wiederverwendbare Dokumente

3.2 Objekttechnologie

Mit der Objekttechnologie wird ein neues Paradigma zur Entwicklung von Softwaresystemen eingeführt. Aufgrund neuer Techniken hinsichtlich Analyse, Design und Programmierung von Anwendungssystemen werden neue Hoffnungen zur Überwindung der Softwarekrise geweckt. Trotz des hohen Aufwandes zur Herstellung wiederverwendbarer Konstrukte scheint das objektorientierte Paradigma die ideale Basis zu sein. Im folgenden umreißen wir kurz die Idee dieser Vorgehensweise und bewerten das Potential bzgl. seiner Wiederverwendbarkeit.

3.2.1 Grundlagen

Der Grundgedanke des objektorientierten Paradigmas ist die Modellierung realer Objekte zu einem abstrakten Objektmodell, dessen Kommunikation im Austausch von Nachrichten besteht. Bei diesem Verfahren wird die natürliche Denkweise des Menschen benutzt, um durch Abstraktion der Realität die erforderlichen Objekte herzuleiten. Konkret besitzen objektorientierte Systeme drei grundlegende Eigenschaften (vgl. Siegel (1995), S. 18-19):

Kapselung

Die auch mit dem Begriff Information Hiding bezeichnete Eigenschaft gewährleistet, daß kein direkter Zugriff von außen den Objektzustand verändern kann. Ausschließlich die Methoden des entsprechenden Objekts haben Zugriff auf dessen Attribute, wobei der Methodenaufruf durch das Versenden einer Nachricht erfolgt.

Vererbung

Häufig wird mit dem Begriff Objektorientierung der Vererbungsmechanismus assoziiert, welcher einen hohen Wiederverwendungsgrad erzielen kann. Aufgrund von Generalisierungs-/Speziali-sierungsbeziehungen können Klassenhierarchien gebildet werden, wobei alle Eigenschaften einer Oberklasse den Unterklassen vererbt werden. In Abhängigkeit der Vererbungsbeziehungen differenziert man Einfach- und Mehrfachvererbung; erstere setzt voraus, daß eine Unterklasse nur von <u>einer</u> Oberklasse erbt. Aufgrund potentieller Inkonsistenzen bei der Mehrfachvererbung, deren Unterklassen Spezialisierungsbeziehungen zu mehreren Oberklassen unterhalten können, ist diese Technik allerdings nicht unproblematisch.

Polymorphismus

Dieser Begriff bedeutet Vielgestaltigkeit, welche sich im objektorientierten Paradigma folgendermaßen darstellt: Für unterschiedliche Objekte gibt es Methoden gleichen Namens, die jedoch unterschiedliche Implementierungen besitzen. Die Methode AngebotErstellen hat für die Klassen Hausratversicherung, Firmenkonto und Autokauf eine ähnliche Semantik, wobei jedoch sind die notwendigen Aktionen für jede Klasse unterschiedlich sind. Der Polymorphismus abstrahiert folglich von der Implementierung und erlaubt die selben Methodennamen für unterschiedliche Objektimplementierungen.

3.2.2 Objektorientierte Analyse und Design

Die Anforderungsanalyse dient als Kommunikationsbasis zwischen dem Auftraggeber (i.d.R. einem softwaretechnischen Laien) sowie dem Entwickler, welcher nur in Ausnahmefällen über das Fachwissen des vorgesehenen Anwendungsgebietes verfügt. Die Bereitstellung eines für beide Personengruppen verständlichen Modells ist somit primäres Ziel der Analysephase. Der

Entwurfsprozeß einer Softwareapplikation entwickelt aus dem Analysemodell die Architektur des Softwaresystems sowie den algorithmischen Feinentwurf (vgl. Hetzel-Herzog (1994), S. 244-245).

Werden Techniken des objektorientierten Paradigmas zur Modellierung benutzt, so werden häufig Analyse- und Designphase zusammengefaßt und mit dem Akronym OOAD bezeichnet. Im Gegensatz zu den strukturierten Methoden entsteht beim Phasenübergang kein semantischer Bruch, sondern es wird ein durchgängiges Modell verwendet (vgl. Stein (1994), S. 22). Folgende Vorgehensweise wird von HETZEL-HERZOG zur Identifikation der einzelnen Objekte vorgeschlagen (vgl. Hetzel-Herzog (1994), S. 247-250):

Die durch die Analyse ermittelten Objekte des Anwendungsgebietes werden als Diskursweltobjekte beschrieben. Aus diesem Analysemodell werden nur diejenigen Objekte als Softwareobjekte in den Entwurf übernommen, welche in die Automatisierung einer Aufgabe involviert sind. In der Designphase werden diese um Objekte zur Benutzerinteraktion, Datenverwaltung sowie zur Verteilung der Objekte ergänzt. Diese Objektklassen werden als Frameworks bezeichnet und liegen häufig als standardisierte Bausteine vor. Im Fall einer (erwünschten) Trennung der Benutzeroberfläche von der Logik des Anwendungssystems kann ein Diskursweltobjekt durch mehrere Entwurfsobjekte repräsentiert werden.[7] Der Übergang von der Entwurfsphase zur Implementierung entsteht durch die Transformation in Objekte der Implementierungssprache. Die beschriebene Vorgehensweise gewährleistet, daß jedes Objekt der Anforderungsanalyse durch mindestens ein Programmiersprachenobjekt repräsentiert wird.

3.2.3 Objektorientierte Programmiersprachen

Der Siegeszug des objektorientierten Paradigmas begann mit der Entwicklung der entsprechenden Programmiersprachen. Die erste Realisierung stellte in den sechziger Jahren die Sprache SIMULA dar, welche vorwiegend im Forschungssektor für Simulationen verwendet wurde; heute befinden sich vier wichtige objektorientierte Sprachen auf dem Markt:

---

[7] Die Programmiersprache Smalltalk unterstützt dieses Konzept durch ihre Model-View-Controller-Architektur.

C++

Aufgrund des großen Angebots preisgünstiger Compiler und des großen Einsatzgebietes erfährt die Programmiersprache C++ eine starke Verbreitung, welche nicht zuletzt durch die Tatsache forciert wird, daß die Syntax eine Obermenge der C-Syntax ist und somit jedes C-Programm auch ein gültiges C++-Programm repräsentiert. Obwohl dieser hybride Ansatz ein Umlernen der Entwickler scheinbar vereinfacht, stellt der fehlende Zwang, objektorientiert zu denken, jedoch einen großen Nachteil dar. Dem Vorteil der Entwicklung laufzeit- und speichereffizienter Applikationen steht die größere Verantwortung des Programmierers gegenüber, in dessen Aufgabenbereich die Speicherverwaltung der Objekte liegt. Trotz umfangreicher Programmbibliotheken ist der Einsatz von C++, aufgrund der beschriebenen Nachteile, besonders in komplexen Projekten eher fragwürdig, wobei die Bedeutung von C++ zunehmend durch die nachfolgend vorgestellten Sprachen gemindert wird.

Smalltalk

Die Sprache Smalltalk erfährt z.Z. eine Renaissance und erfreut sich einer immer größeren Beliebtheit. Dieser rein objektorientierten Sprache mit automatischer Speicherverwaltung waren die Hardwareausstattungen der siebziger Jahre nicht gewachsen, da erst die heute üblichen Hauptspeicherkapazitäten ihren Einsatz ermöglichen. Vorteilhaft ist zusätzlich die Integration der Entwicklungsumgebung in die Klassenbibliotheken, wodurch der Unterschied zwischen Werkzeug und entwickeltem Programm verschwimmt. Smalltalk eignet sich hervorragend für die Entwicklung von Prototypen und begründet seinen Boom durch die erfolgversprechende Umschulung der zahlreichen COBOL-Programmierer. Die Zukunftaussichten dieser zweitältesten objektorientierten Sprache sind aufgrund der neuen Entwicklungen im COBOL-Bereich (s. OO-COBOL) ungewiß, insb. scheint die von der Internet-Euphorie profitierende Programmiersprache Java eine ernstzunehmende Konkurrenz zu sein.

OO-COBOL

Die COBOL-Verfechter hegen große Hoffnungen für das Jahr 1997, in dem der neue ANSI-Standard COBOL97 herauskommen soll, dessen Objekte als integraler Bestandteil vollständig aufwärtskompatibel zu früheren Standards sind. Dieser Entwicklung ist insofern Beachtung zu schenken, da der weitaus größte Teil des Softwarebestandes aus COBOL-Code besteht und aufgrund neuer Entwicklungsumgebungen relativ leicht zu migrieren ist (vgl. Rösch (1995b), S. 12).

Java

Ein immenses Interesse erfährt z.Z. die Programmiersprache Java, deren Beliebtheit insb. mit den ihr assoziierten Technologien Internet und CORBA
steigt. Laut FLANAGAN sprechen folgende Argumente für den Einsatz von Java
(vgl. Flanagan (1996), S. 5-10):

1. Einfachheit: Die Verwendung von Zeigern stellt eine sehr große Fehler-
   quelle dar. Daher wurde dieses Konzept nicht in Java übernommen, wo
   stattdessen, wie in Smalltalk, die Entwicklungsumgebung das Referenzieren bzw. Dereferenzieren von Objekten übernimmt. Auch die Nähe zu C++
   macht eine relativ problemlose Migration der Anwendungsentwickler möglich.

2. Verteilung: Eine Zielsetzung der Java-Technologie ist die Unterstützung
   verteilter Anwendungen, indem diverse Klassen für die Systementwicklung
   zur Verfügung gestellt werden. Insbesondere erlaubt die URL-Klasse, entfernte Objekte im Internet zu öffnen und profitiert insofern von dem gewal-
   tigen Wachstum dieser Technologie.

3. Portabilität: Das Konzept der virtuellen Maschine, die sich aus einem Inter-
   preter und einem Laufzeitsystem zusammensetzt, ermöglicht die Portabilität einer Applikation auf den unterschiedlichsten Hardwareplattformen. An-
   stelle abhängiger Maschinenbefehle erzeugt der Compiler Bytecode, der
   mittels des Java-Interpreters lauffähig gemacht wird. Neben der Architek-
   turunabhängigkeit existieren keine implementationsabhängigen Sprachde-
   finitionen, so daß eine maximale Portabilität gewährleistet ist.

4. Multithread-Fähigkeit: Aufgrund der Motivation für Java, verteilte Applikationen zu erzeugen, besteht die Notwendigkeit einer Verwaltung nebenläufiger Prozesse, welche synchronisiert werden müssen. Das Erzeugen, Ausführen und Terminieren leichtgewichtiger Prozesse wird mittels der Klasse
   Thread durchgeführt.

3.2.4 Objektorientierte Datenbanken

Die objektorientierten Technologien werden vervollständigt durch die entsprechenden Datenbanken, welche die Speicherung komplexer Objekte realisieren
und somit die Nachfolge der relationalen Datenbanken antreten sollen. Objektorientierte Datenbanken erfahren z.Z. ihren industriellen Durchbruch, was
letztendlich dem ODMG-93-Standard der Object Database Management Group

31

(ODMG) zuzuschreiben ist. Dieses Konsortium wurde 1991 durch fünf Hersteller (Object Design Inc., O_2 Technology, Versant Object Technology, Objectivity Inc. und Ontos) gegründet und verfolgt als Zielsetzung die Definition eines Object Database Adapters (ODA), welcher die Schnittstelle zwischen Object Request Brokern und den objektorientierten Datenbanken darstellt (vgl. Ben-Nathan (1995), S. 187-194).

3.2.5 Bewertung

Auf der Object World 95 UK wurde eine Umfrage zu den Gründen für einen Wechsel zur Objekttechnologie gestartet, die folgendes Resultat ergab (Kavanagh (1996), S. 275):

Main reasons for moving to OT 1995/94

Flexibility to change	40% (33%)[8]
Reduced time to market	24% (20%)
Distributed applications	23% (24%)
Programmer productivity	19% (28%)
Application complexity	18% (25%)
Ease of use	9% (8%)
Financial savings	7% (10%)

Die Hauptvorteile liegen nach Ansicht der 139 befragten Unternehmen in einer größeren Änderungsflexibilität sowie in einer schnellen Entwicklung der Systeme. Hier ist ein signifikanter Zuwachs zu verzeichnen, während sich die Hoffnungen auf eine Produktivitätssteigerung der Programmierer um 11 Prozentpunkte reduzierten. Der hohe Kostenaufwand für die Einführung des neuen Paradigmas wird durch die geringe Erwartung von Einsparungen dokumentiert. Interessant ist das Fehlen des Grundes Wiederverwendbarkeit, welche somit nur indirekt in der Produktivität der Programmierer zum Tragen kommt. Dies läßt sich mit der komplizierten Entwicklung wiederverwendbarer Konstrukte begründen, welche laut Interpretation der Umfrage in den Hintergrund gestellt wird. Bisher scheint der Einsatz der Objekttechnologie hauptsächlich durch eine flexible und schnelle Realisierung von Softwareprojekten motiviert.

Diese Studie ist repräsentativ für die Motivation, objektorientierte Technologien zu gebrauchen. Obwohl den Anwendern häufig suggeriert wird, daß der

---

[8]In Klammern: die Werte des Vorjahres.

Einsatz der Objektorientierung fast schon Wiederverwendung impliziert, so vollzieht diese sich doch meistens nur auf niedriger Ebene durch die Vererbung von Programmcode. Dieser Mechanismus erfordert aber ein entsprechend sorgfältiges Design zur Generalisierung von Oberklassen.

So ruft JOSUTTIS in einem Konferenzbeitrag zur Vermeidung der Vererbung auf, um das Design nicht für diesen Mechanismus zu optimieren, sondern es nur zu verwenden, falls es sich von der Diskurswelt her anbietet. Zur Untermauerung dieser These führt er an, daß die Standardbibliothek von C++ nur selten den Vererbungsmechanismus benutzt (vgl. Josuttis (1996), S. 80-81).

Aus meiner Sicht liegt der Hauptvorteil des Einsatzes objektorientierter Technologien in der Bereitstellung leistungsfähiger Analyse- und Entwurfstechniken, welche die Diskurswelt ohne semnatische Inkonsistenzen abbilden. Die problemlose Erweiterbarkeit der Modelle ermöglicht eine flexible Systementwicklung, die in relativ kurzer Zeit dem Markt angeboten werden können. Das Konzept der Kommunikation über Nachrichten läßt sich mit Hilfe von Integrationsplattformen leicht über Rechnergrenzen hinaus erweitern, und somit wird die Entwicklung verteiler Systeme erleichert.

Um die Vorteile des objektorientierten Paradigmas durch einen hohen Wiederverwendungsgrad zu ergänzen, wurden in jüngster Zeit diverse Techniken entwickelt, von denen nun die drei wichtigsten vorgestellt werden.

3.3 Design Patterns: Wiederverwendbare Entwürfe

In der Regel entwickeln Experten nicht jeden Entwurf von Grund auf neu, sondern greifen auf ihr reichhaltiges Anwendungswissen zurück. Dieser Erfahrungsschatz beinhaltet eine große Anzahl bereits entwickelter und bewährter Lösungen, welche die fachliche Qualität des Experten reflektieren. Ist nun dieses Fachwissen einer großen Anzahl von Softwarearchitekten zugänglich, so können bereits entwickelte und somit getestete Entwürfe leicht wiederverwendet werden. Die Technik der Entwurfsmuster (engl. Design Patterns) greift diese Idee auf, die wir nachfolgend erläutern.

3.3.1 Ziel und Aufbau

Die grundlegende Motivation der Verwendung von Design Patterns ist die Tatsache, daß ein Experte bzgl. Problemlösungsstrategien Analogien zu schon angewandten Lösungsverfahren bildet, welche er benutzen kann. Diese Vorgehensweise kann leicht zu einer Problem/Lösungs-Beziehung abstrahiert werden, wobei man häufig ähnliche Probleme mit einem Lösungsverfahren assoziieren kann. Bzgl. der Softwarecntwicklung existiert ein Entwurfsproblem, welches in einem bestimmten Kontext auftritt. Das entsprechende Muster beschreibt die generischen Lösungen, wobei die einzelnen Komponenten und deren Beziehung untereinander dargestellt werden (vgl. Sommerlad (1996), S. 16-17).

Für den Erfolg dieser Technik ist es notwendig, daß qualitativ hochwertige Problemmuster sowie deren Lösungen katalogisiert und zur allgemeinen Verfügung bereitgestellt werden. Während diese neue Technologie durch COAD 1992 erstmals veröffentlicht wurde, entwickelte und veröffentlichte das als 'Gang of Four' bezeichnete Quartett GAMMA, HELM, JOHNSON und VLISSIDES einen Katalog, welcher die wichtigsten Design Patterns dokumentiert. In Anlehnung an dieses Standardwerk läßt sich der Aufbau eines Entwurfsmusters wie folgt beschreiben (vgl. Gamma et al. (1996), S. 7-9):

- Mustername und Klassifizierung (Vermitteln der Musterverwendung)
- Zweck (Darstellen des Potentials, der Prinzipien und auftretender Probleme)
- Auch bekannt als ... (andere Namen für das Entwurfsmuster)
- Motivation (Darstellen des Entwurfsproblems durch ein Szenario sowie Lösungsstrategien)
- Anwendbarkeit (Aufzeigen unterschiedlicher Problemsituationen für das Entwurfsmuster)
- Struktur (graphische Repräsentation der Klassen im Design Pattern, basierend auf OMT[9])
- Teilnehmer (Aufzeigen der beteiligten Klassen und Objekte)

---

[9]OMT ist ein Akronym für die Object Modeling Technique.

- Interaktionen (Zusammenarbeit der einzelnen Teilnehmer)
- Konsequenzen (Bewerten der Vor- und Nachteile des Musters)
- Implementierung (diverse Hilfestellungen für die Implementierungsphase)
- Beispielcode (Codefragmente in C++ bzw. Smalltalk)
- Bekannte Anwendungen (mindestens zwei Beispiele aus unterschiedlichen Anwendungen)
- Verwandte Muster (Assoziieren der Musterbeschreibung mit anderen Patterns)

Nach diesem Beschreibungsschema liefert der oben beschriebene Katalog 23 allgemeingültige Entwurfsmuster, welche nach unterschiedlichen Kriterien klassifiziert sind (vgl. Gamma et al. (1996), S. 9-14).

3.3.2 Potential der Wiederverwendung

Das Konzept der Entwurfsmuster ermöglicht eine Wiederverwendung in der Designphase und generalisiert häufig auftretende Entwurfsentscheidungen in entsprechende Muster. Die z.Z. einziges mir bekannte Veröffentlichung eines entsprechenden Kataloges bildet das oben beschriebene Buch, welches jedoch die wichtigsten Entwurfsentscheidungen berücksichtigt.

3.4 Frameworks: Wiederverwendbare Architekturmodelle

Der Einsatz wiederverwendbarer Klassenbibliotheken ist einer der Hauptgründe für den Erfolg objektorientierter Programmiersprachen. Ein großer Nachteil dieses Konzeptes ist die Tatsache, daß der Programmierer für den Kontrollfluß der Applikation verantwortlich ist und somit noch einen komplexen Teil selbst entwickeln muß. Hier setzen die Vorteile sog. Frameworks ein, welche eine Erweiterung des objektorientierten Paradigmas darstellen, obwohl sie auch prozedural realisiert sein können.

3.4.1 Grundidee

Der Grundgedanke für den Einsatz der Framework-Technologie besteht darin, daß wiederverwendbare Architekturen einen steuernden Rahmen bilden, welcher individuell entwickelten Code aufruft. BISCHOFBERGER sieht in einem Framework eine Standardlösung für eine Klasse verwandter Probleme, welche aus zwei Teilen besteht. Eine Menge von Objekten realisiert den generischen Teil einer Lösung, während man mittels Schnittstellen auf anwendungsspezifische Objekte zugreifen kann. Somit realisiert ein Framework gleichzeitig eine generalisierte, wiederverwendbare Systemarchitektur für ein spezielles Anwendungsgebiet (vgl. Bischofberger (1995), S. 17).

Die Bedeutung eines Frameworks als Architekturelement hebt HETZEL-HERZOG hervor, indem er es als Baukastensystem sieht, aus welchem sich das Anwendungssystem ableiten läßt (vgl. Hetzel-Herzog (1994), S. 37).

Das White-Paper „Leveraging Object-Oriented Frameworks" von Taligent[10] bezeichnet die Definition von R. JOHNSON von der Universität Illinois als weithin anerkannt:

„Ein Framework ist eine Anzahl von Klassen, die ein abstraktes Design für Lösungen zu einer Familie verwandter Probleme enthalten." (Taligent (1995), S. 12)

Die Vorteile sieht Taligent in der Bereitstellung eines architektonischen Modells, so daß der Programmierer sich auf sein eigenes Problemfeld konzentrieren kann. Er entwickelt nur den Code, der das Verhalten des Frameworks bzgl. des Anwendungsgebietes erweitert und spezifiziert. Des weiteren liegt die Verantwortung für den Kontrollfluß einer Applikation nicht mehr beim Anwendungsprogrammierer, sondern ist bereits im Framework enthalten („The framework calls you, don't call the framework"). Diese neue Entwicklungmethode reduziert die potentiellen Fehlerquellen und erlaubt eine Konzentration auf das Anwendungsgebiet (vgl. Taligent (1995), S. 12).

3.4.2 Entwicklungsprozeß

Die Entwicklung wiederverwendbarer Konstrukte bedeutet i.d.R. einen hohen Aufwand bzgl. Expertenwissen und Kosten und muß aus diesem Grund über

---

[10]Taligent ist ein Joint Venture von Apple, IBM und HP.

ein spezielles Anreizsystem verfügen. Das Vorgehensmodell zur frameworkbasierten Softwareentwicklung besteht im Gegensatz zu linearen Modellen aus zwei sich gegenseitig beeinflussenden zyklischen Entwicklungsprozessen. Die Frameworkrevolution ist eine Iteration der Phasen Design, Implementierung und Test, wobei die derart erzeugten Anwendungsrahmen daraufhin den Benutzern zur Verfügung gestellt werden. Die in diesem Prozeß entdeckten Mängel werden wiederum den Entwicklern des Frameworks in Form von Verbesserungsvorschlägen zugänglich gemacht. Nach einer Überarbeitung des Anwendungsrahmens wird dieser in Form eines Updates wieder den Anwendern übertragen. Dieser sich beliebig wiederholende Prozeß erfordert zur erfolgreichen Entwicklung ein hohes Maß an Kommunikation und Koordination (vgl. Bischofberger (1995), S. 21).

3.4.3 Anwendungsgebiete

Der Einsatz von Frameworks empfiehlt sich in Anwendungsfällen mit großem Generalisierungspotential, um die beträchtlichen Entwicklungskosten durch ein hohes Maß an Wiederverwendungsmöglichkeiten zu amortisieren und die Produkte dem Markt zuzuführen. Traditionell kommen als potentielle Einsatzgebiete graphische Benutzerschnittstellen oder Softwareentwicklungsumgebungen in Frage, in jüngster Zukunft stellen anwendungsspezifische Architekturmodelle zunehmend einen zentralen Forschungsschwerpunkt dar. Ein Repräsentant dieses Trends ist laut BIRRER et al. das Framework fACTs++ der Firma Objective Edge, ein Tool zur Vereinfachung von Handels- und Portfoliomanagement-Anwendungen. Auf dieser Technologie baut das Finanz-CAD-Werkzeug Cameo auf, welches das Rapid Application Development auf der Basis von Geschäftsobjekten ermöglichen soll (vgl. Birrer et al. (1995), S. 22).

3.4.4 Potential der Wiederverwendung

Zur Bewertung der Leistungsfähigkeit differenzieren wir zwei Ausprägungen, ein White-Box- und ein Black-Box-Framework. Das letztgenannte Konzept beschreibt die direkte Verwendung von Klassen mittels Instanziierung und Parametrisierung und erfordert somit keine Kenntnisse über die interne Implementierung. Dem Vorteil der relativ einfachen Verwendung steht der Nachteil der Inflexibilität gegenüber, da die Eigenschaften der einzelnen Klassen nur beschränkt verändert werden können. Diese Vorgehensweise beinhaltet ein hohes Wiederverwendungspotential bzgl. der Entwicklung von Benutzerschnittstellen, da aufgrund der starken Generalisierung i.a. nur wenige Änderungen der Klassenbibliotheken notwendig sind.

Die weitaus mächtigere Framework-Technologie zur Wiederverwendung ist die White-Box-Methode, welche Adaptionen der Unterklassen mittels Überschreiben von Methoden erlaubt. Diese Flexibilität erfordert jedoch eine genaue Kenntnis der internen Framework-Architektur und ist aus diesem Grund mit Mehraufwand verbunden.

3.5 Componentware: Wiederverwendbare Softwarebausteine

Eine derzeit häufig erwähnte Vision zukünftiger Softwareentwicklung ist das Zusammensetzen herstellerunabhängiger Softwarekomponenten zu flexiblen Anwendungssystemen. Das Modewort Componentware umschreibt eine neue Technologie und geistert z.Z. durch sämtliche Konferenzen und Marketingbroschüren. In diesem Abschnitt betrachten wir verschiedene Aspekte von Softwarebausteinen allgemein und fokussieren die Componentware, obwohl aufgrund der Aktualität der Thematik noch keine genaue Definition übermittelt werden kann.

3.5.1 Ausprägungen komponentenorientierter Softwarebausteine

Die Idee zur Entwicklung anwendungsspezifischer Softwarekomponenten, welche mehrfach verwendet werden können, begleitet das Software-Engineering seit seiner Entstehung. Hatten früher die Bausteine die Gestalt von Modulen, so haben sich im Zuge der Objektorientierung Klassenbibliotheken als Komponenten etabliert. Das Konzept der Componentware führt diese Entwicklung weiter, indem eine Klasse als binärer Baustein existiert. Im Zuge neuer Entwicklungen richten wir unsere Aufmerksamkeit im folgenden auf diese Technologie, deren Ziel die Integration einzelner Bausteine ohne Berücksichtigung von Adreßräumen, Prozessen und Netzwerkknoten ist. Mittels einer Integrationsplattform können die einzelnen Konstrukte, die i.a. in Binärform vorliegen, unabhängig von ihrer Implementierungssprache zu Anwendungssystemen zusammengefügt werden, ohne daß ein neuer Übersetzungsvorgang erfolgen muß. Sofern sich in Zukunft ein kommerzieller Handel bzgl. der Komponenten durchsetzen wird, ist dann i.d.R. eine Make-or-Buy-Entscheidung möglich (vgl. Stal/Steinmüller (1996), S. 248).

3.5.2 Voraussetzungen

Laut STEINMÜLLER und STAL muß an die Componentware-Technologie folgende Bedingungen erfüllen, um sich zu etablieren (vgl. Stal/Steinmüller (1996), S. 248):

Kommunikation über Schnittstellen

Die einzelnen Anwendungen greifen über Schnittstellen auf die entsprechenden Komponenten zu, die Implementierungsdetails bleiben hingegen verborgen. Hierdurch wird die Verwendung binärer Bausteine gefördert, deren Implementierungssprache beliebig gewählt werden kann.

Transparenz der Lokation

Für einen Methodenaufruf soll der Aufenthaltsort der Komponente verborgen bleiben, so daß mittels geeigneter Plattformen auch verteilte Systeme realisiert werden können.

Polymorphie

Als eine grundlegende Eigenschaft des objektorientierten Paradigmas soll die Polymorphie ebenfalls für Componentware verwendet werden. Für die unterschiedlichen Bausteine bedeutet die Forderung, daß sie die gleiche Schnittstelle anbieten dürfen, um auf diese Art eine uniforme Behandlung bestimmter Verhaltensweisen zu ermöglichen.

Um diese Bedingungen zu realisieren, ist eine leistungsfähige Plattform notwendig, welche für die Interaktion der einzelnen Komponenten verantwortlich ist und somit deren Integration ermöglicht. Vor kurzem kamen zwei neue Plattformen auf den Markt, welche wir nun kurz vorstellen.

3.5.3 Integrationsplattformen

In den aktuellen Publikationen werden fast ausnahmslos zwei Component-ware-Plattformen miteinander verglichen, welche beide die Visionen dieser Technologie realisieren sollen. Da beide im folgenden Kapitel ausführlicher behandelt werden, beschränken wir uns an dieser Stelle auf eine kurze Beschreibung. Die OLE-Technologie wurde von der Firma Microsoft veröffentlich und bildet mit dem Component Object Model eine Basis für die sog. Verbunddokumente. Mit OpenDoc entwickelten die CI Labs eine Plattform für unter-schiedliche Betriebssysteme, die auf der CORBA-Technologie basiert und das System Object Model (SOM) verwendet (vgl. Adler (1995), S. 75).

3.5.4 Potential der Wiederverwendung

Im Hinblick auf einen zukünftigen Markt herstellerunabhängiger Komponenten kann die Componentware nach meiner Einschätzung eine große Akzeptanz erreichen. Dies gründet zum einen in der Tatsache, daß die Wiederverwendung auf hoher Ebene stattfindet, zum anderen beschleunigt die fortschreitende Entwicklung der notwendigen Plattformen diesen Trend. Allerdings ist der Erfolg des Konzeptes abhängig vom Angebot der Softwarebausteine und somit, wie bei fast jeder Entwicklung in der Informationstechnologie, letztendlich abhängig von der Akzeptanz seitens der Anwender. Der Kauf einzelner Komponenten befreit den Entwickler nicht von der anspruchsvolleren Aufgabe des Architekturentwurfs, lediglich die Implementierungsphase wird durch Componentware rationalisiert.

3.6 Grenzen der Wiederverwendung

Vergleicht man das durch die spezifischen Eigenschaften der Software bedingte Potential der Wiederverwendung, so wirkt auf den ersten Blick die Diskrepanz zwischen Vision und Realität dieses Paradigmas unverständlich. Bei genauerer Untersuchung lassen sich jedoch diverse Gründe finden, die den Einsatz des Wiederverwendungspotentials zumindest erschweren. Nach meiner Ansicht sind zwei grundlegende Aspekte für den geringen Nutzungsgrad verantwortlich.

Eine Bedingung für die Akzeptanz der Wiederverwendung ist die Bereitstellung geeigneter Werkzeuge zur Verwaltung der einzelnen Dokumente, die in innerhalb eines bestimmten Zeit- und Kostenaufwandes gefunden werden müssen, da sonst die Wirtschaftlichkeit nicht mehr gewährleistet ist. In der Vergangenheit waren diese Aspekte ein wichtiges Hindernis, allerdings wurden in jüngster Zeit leistungsfähige Werkzeuge entwickelt, von denen wir in Kapitel 7.2.2 eine Softwareentwicklungsumgebung vorstellen werden.

Der weitaus wichtigere Hinderungsgrund ist die Notwendigkeit semantischer Referenzsysteme, die jeweils für bestimmte Anwendungsgebiete eine Standardisierung ermöglichen, so daß einzelne Softwarebausteine unter Gewährleistung der Semantik mehrfach verwendet werden können. Es ist eine sehr anspruchsvolle Aufgabe, die Diskurswelt einer bestimmten Branche so allgemeingültig in ein Geschäftsmodell abzubilden, so daß dieses semantische Referenzsystem für jedes Unternehmen in diesem Anwendungsbereich anwendbar ist. Die schwierige Realisierung dieser Modelle wird begleitet von der „philosophischen" Frage, ob die Offenlegung der Modelle überhaupt sinnvoll erscheint. Unternehmen, die einen technologischen Vorsprung haben, werden diesen nur ungern verlieren wollen, aufgrund massiver Wiederverwendung können die Differenzen in der Infomationstechnologie minimiert werden. Zur Zeit wird in den Entwicklungslabors verstärkt an Referenzsystemen für relativ leicht standardisierbare Branchen (Banken, Versicherungen) gearbeitet, es wird sich zeigen, inwieweit die Hoffnungen erfüllt werden.

4   Integrierte Informationsverarbeitung

Unter dem zentralen Begriff der Integration begleiten unterschiedliche Ansätze die Entwicklung der Wirtschaftsinformatik seit Anfang der 60er Jahre. Aufgrund der weitreichenden Semantik dieses Begriffes wollen wir zunächst seine Bedeutung allgemein, dann speziell für die Datenverarbeitung bestimmen. Das Fremdwörterbuch interpretiert die Bedeutung des lateinischen Begriffes Integration mit „Wiederherstellung eines Ganzen" bzw. „Eingliederung in ein größeres Ganzes" (Duden (1990), S. 354). Bezogen auf die Wirtschaftsinformatik beschäftigt sich die integrierte Informationsverarbeitung folglich mit der Komposition einzelner Bausteine zu einem Gesamtsystem. Benutzt ein Unternehmen bspw. eine Softwareapplikation zur Auftragsbearbeitung sowie ein Lagerinformationssystem, so können mit Zuge der Integration beide Teilsysteme auf dieselbe Datenbank zugreifen bzw. kann die Auftragsbearbeitung Funktionen der Lagerverwaltung aufrufen.

Ein wichtiger Aspekt in diesem Zusammenhang ist eine genaue Bedeutungsbestimmung der Begriffe integriertes bzw. verteiltes Informationssystem. R. SOLEY, der Vizepräsident der OMG, meint hierzu:

„Application Integration and Distributed Processing are the same thing."
(Soley (1993), Folie 38 (unterstrichene Wörter im Original kursiv))

In der Tat beschreiben beiden Bezeichnungen die gleichen Eigenschaften von Anwendungssystemen, insb. deren Kommunikation über i.a. heterogene Netzwerke. Aus meiner Sicht besteht dennoch ein wichtiger Unterschied, welcher sich mit den Vorgehensweisen zur Systementwicklung befaßt. Die Integration setzt (verteilte) Komponenten zu einem Gesamtsystem zusammen, wobei der Prozeß der Verteilung ein System in mehrere Teilsysteme trennt, die daraufhin an verschiedenen Lokalitäten bereitgestellt werden. Trotz dieser Differenzierung werden wir beide Begriffe synonym verwenden, da jedes integrierte Informationssystem normalerweise auch verteilte Komponenten besitzt.

4.1 Ausprägungen der Integration

In Anlehnung an MERTENS gestaltet sich die integrierte Informationsverarbeitung in unterschiedlichen Dimensionen. Integrationsgegenstand können Da-

ten, Funktionen, Module, Programme oder Prozesse sein; die Integrations-
richtung ist horizontal, entsprechend der betrieblichen Wertschöpfungskette,
oder vertikal; die Reichweite differenziert die inner- und überbetriebliche Integration (vgl. Mertens (1991), S. 1-6).

Eine weitere Definition liefern FRANK bzw. HEILMANN, welche folgende Sichtwei-
sen favorisieren (vgl. Frank (1994), S. 22-26, sowie Heilmann (1989), S. 47-
52):

Organisatorische Integration

Diese Betrachtungsweise hat eine möglichst realitätsgetreue Abbildung des
betrieblichen Organisationsmodells in das Informationssystem zum Ziel. Frü-
here Ansätze bewerkstelligen die Datenintegration durch die Entwicklung eines unternehmensweiten Datenmodells, wobei zusätzlich eine Funktionsinte-
gration angestrebt wird. Diese erfordert ein erhebliches organisatorisches Um-
denken und wird i.a. mit dem Begriff Business Process Reengineering bezeichnet. Die Benutzeroberflächen der DV-Arbeitsplätze werden mit einem einheitlichen Aufbau versehen, der den individuellen Arbeitsstilen angepaßt werden
kann.

Integration des Entwicklungsprozesses betrieblicher Informationssy-
steme

Der Lebenszyklus von Softwaresystemen ist durch eine Reihe unterschiedlicher Repräsentationsformen bestimmt. Die Verwendung konventioneller Mo-
dellierungstechniken bewirkt im Prozeß von der Analyse bis zur Implementierung einen Verlust an semantischer Information, welcher durch Strukturbrüche in den einzelnen Modellen bedingt ist. Die Anforderungen an moderne
Entwicklungswerkzeuge beinhalten Konzepte, welche Analysemodelle unter
Beachtung der Integritätsanforderungen ohne semantische Inkonsistenzen in
nachfolgende Repräsentationsformen überführen können.

Verbindung der Komponenten betrieblicher und überbetrieblicher In-
formationssysteme

Die Eliminierung sog. Anwendungsinseln gehört zu den wichtigsten Zielen der
integrierten Informationsverarbeitung. Im Hinblick auf die Zukunft und der
Forderung nach einer Entwicklung und Verbreitung marktkäuflicher Kompo-

nenten betrachten wir Technologien, welche eine Integration unterschiedlicher Softwarebausteine ermöglichen. Die Interoperabilität mehrerer Anwendungen über technische und organisatorische Grenze hinweg ist im folgenden das Hauptaugenmerk integrierter Informationssysteme, welche idealerweise folgende Zielsetzungen besitzen:

- Einsatz moderner Softwaretechnologien (z.B. der Objekttechnologie)
- Unterstützung von Componentware
- Einsatz von Middleware-Plattformen
- Transparenz der Lokationen der einzelnen Softwarebausteine
- Einsatz heterogener Netzwerke
- Interoperabilität der Softwarekomponenten

4.2 Architektur integrierter Informations-systeme

Eine wichtige Zielsetzung der integrierten Informationsverarbeitung ist die Interoperabilität verschiedener Anwendungen, welche über ein Netzwerk physisch verbunden sind. Als Kommunikationsgrundlage dient das Client/Server-Modell, welches immer aus folgenden Komponenten besteht (vgl. Thienen (1995), S. 6):

- einem **Client**, welcher Dienste anfordert,
- einem **Server**, der die angeforderten Dienste erbringt und ggf. den Ergebniswert an den Client liefert,
- einer Kommunikationsverbindung zwischen Client und Server.

Sobald jedoch Prozesse als Basis einer Client/Server-Architektur betrachtet werden, sind die Funktionen Client und Server als temporär zu betrachten, wobei ein Serverprozeß sogar zugleich als Client einen Dienst von einem anderen Server anfordern kann. Durch diese Eigenschaft erhalten wir ein Netz von Clients und Servern, das als verteiltes System bezeichnet wird.

4.3 Interoperabilität

Die wichtigste Voraussetzung für die Realisierung eines integrierten Informationssystems ist die Gewährleistung der Interoperabilität der einzelnen Softwarekomponenten. Diese Eigenschaft ermöglicht die Kommunikation der Bausteine über Prozeß-, Rechner- und Netzwerkgrenzen hinweg unter Berücksichtigung syntaktischer und semantischer Korrektheit. Im folgenden differenzieren wir die beiden Aspekte der Interoperabilität im Hinblick auf die Analyse der CORBA-Technologie.

4.3.1 Syntaktische Interoperabilität

Unter diesem Begriff verstehen wir die Eigenschaft eines syntaktisch korrekten Methodenaufrufes, das entsprechende Objekt zu identifizieren und den Request durchzuführen. Zur Gewährleistung der syntaktischen Interoperabilität sind für einen Serveraufruf durch einen Client folgende Aktionen erforderlich:

- Client-Proxy verpackt die Argumente und sendet die Nachricht an einen Object Request Broker
- ORB sucht den entsprechenden Server und schickt die Nachricht
- Server-Proxy entpackt die Nachricht und ruft den gewünschten Dienst auf
- Server-Proxy verpackt das Ergebnis und sendet es an den Object Request Broker
- ORB sendet das Ergebnis zum Client
- Client-Proxy entpackt das Ergebnis und schickt es an den Client

Um die Kommunikation über Netzwerke für den Entwickler bzw. Anwender zu vereinfachen, wurden in letzter Zeit sog. Middleware-Produkte als Integrationsplattformen entwickelt. Diese sind für die oben erwähnten Tätigkeiten verantwortlich und stellen somit einen großen Fortschritt in der Erstellung und dem Einsatz verteilter Anwendungen dar; in Kapitel 4.5 beschreiben wir die z.Z. wichtigsten Plattformen, mit deren Hilfe die syntaktische Interoperabilität sichergestellt wird.

4.3.2 Semantische Interoperabilität

Weitaus schwieriger gestaltet sich hingegen die semantische Interoperabilität, deren Anforderungen über die syntaktische Korrektheit hinausgehen.

Ein Objekt ruft die Methode eines anderen Objektes auf, um eine Aktion zu bewirken, die höchst unterschiedliche Ausprägungen hat. Es kann sich hierbei um Datenbankzugriffe, weitere Methodenaufrufe etc. handeln, die jedoch eine grundlegende Gemeinsamkeit besitzen. Das aufrufende Objekt muß die Semantik der ausgeführten Methoden kennen, um den gewünschten Dienst korrekt zu erhalten. An dem einfachen Beispiel der Klasse Rechnung bedeutet die Methode BerechneSumme,[11] daß die Preise jedes Postens zum Gesamtpreis aufsummiert werden. Besonders im Hinblick auf herstellerunabhängige Komponenten ist daher eine genaue Definition der Semantik erforderlich.

4.4 Semantische Referenzsysteme

Um ein möglichst hohes Integrationsniveau zu erhalten, ist die Erstellung semantischer Referenzsysteme unumgänglich. Durch die Festlegung der Semantik einzelner Komponenten wird deren Kommunikation erleichtert und zugleich das Sicherheitsniveau gehoben. FRANK (vgl. Frank (1994), S. 32) betont, daß eine Korrelation zwischen der Semantik und dem Integrationsniveau besteht, d.h. bei einem hohen Integrationslevel steigt auch der Semantikgehalt.

Bei der Festlegung der Semantik ist zu beachten, daß sie adäquat zur gewünschten Verwendung des entsprechenden Konstruktes ist. Ein hoher Bedeutungsgehalt eines Objektes hat zwar einen hohen Integrationslevel zur Folge, schränkt aber die Wiederverwendbarkeit ein. Eine Zeichenkette besitzt beispielsweise in einem Lagerverwaltungsprogramm die Semantik 'Name des Lieferanten', während diese Information für einen Drucker nicht notwendig ist. Um den Forderungen nach einerseits hohem Integrationsniveau und der Wiederverwendung andererseits nachzukommen, unterteilt man das gesamte Informationssystem in mehrere Ebenen. Die so entstehenden schichtspezifischen Referenzsysteme sind voneinander unabhängig, bedingt durch die Tat-

---

[11]Die Methode kann auch Gesamtsumme, BerechneEndsumme etc. heißen.

sache, daß nur die Komponenten einer Ebene untereinander Nachrichten austauschen (vgl. Frank (1994), S. 33).

In Anlehnung an FRANK betrachten wir im weiteren Verlauf die Architektur eines integrierten Informationssystems als ein Schichtenmodell semantischer Referenzsysteme, die möglichst unabhängig voneinander sein sollen (vgl. Frank (1994), S. 33-34). Im Rahmen dieser Arbeit beschränken wir uns auf drei Referenzsysteme, die nachfolgend dargestellt werden.

4.4.1 Netzwerkebene

Die Kommunikation verteilter Anwendungen basiert auf einem Kommunikationsmodell, das nur geringe Anforderungen an die Semantik stellt. Eine herausragende Position nimmt das OSI-Referenzmodell ein, welches in sieben streng aufeinander aufbauenden Schichten unterteilt ist, wobei die drei oberen als anwendungsorientiert und die vier unteren als transportorientiert bezeichnet werden. Die Funktionen der Schichten lassen sich wie folgt kurz skizzieren, zur genaueren Funktionsbeschreibung möge man die vielfältige Fachliteratur zum Themenbereich Rechnernetze zu Rate ziehen:

- Anwendungsschicht (allg. Anwendungsdienste)
- Darstellungsschicht (Konvertieren in systemunabhängige Standardformate, z.B. ASN.1)
- Sitzungsschicht (Kommunikation, Synchronisation von Anwendungsprozessen)
- Transportschicht (Aufbauen einer logischen Verbindung)
- Vermittlungsschicht (Bestimmung und Kontrolle des Übertragungsweges)
- Sicherungsschicht (Zerlegen des Bitstromes in Datenpakete)
- Bitübertragungsschicht (Senden und Empfangen unstrukturierter Bitströme)

Die Netzwerkebene bildet ein Referenzmodell, welches aufgrund der allgemeinen Semantik dem unteren Integrationsniveau zugeordnet wird.

4.4.2 Middleware

Der Begriff Middleware gehört zu den neuen Schlagwörtern der EDV-Branche, entsprechend groß ist z.Z. der Interpretationsspielraum. In Anlehnung an

STAHLKNECHT bezeichnen wir mit dieser Wortschöpfung „ ... systemnahe Software, die als zusätzliche Schicht zwischen Betriebssystem und Anwendungssystem gelegt wird." (Stahlknecht (1995), S. 94).

Laut TRESCH stellt die Middleware das Bindeglied zwischen Clients und Servern dar und übernimmt somit selbst umfangreiche Aufgaben in einem verteilten Informationssystem (s. Abb. 1).

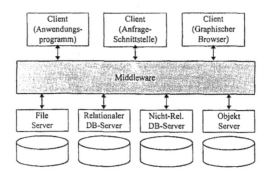

Abbildung 1: Clients, Server und Middleware[12]

Die zentrale Funktionalität einer Middleware-Technologie ist, wie oben beschrieben, die Durchführung der Kommunikation zwischen Client und Server und wird seit ca. Mitte der 80er Jahre durch den Remote Procedure Call (RPC) realisiert, welche eine nur geringe Erweiterung des lokalen Prozeduraufrufs darstellt. Dieses einfache Konzept ermöglicht eine schnelle und effiziente Implementierung verteilter Anwendungen, allerdings ist das semantische Referenzsystem des entfernten Prozeduraufrufs relativ nahe an der Netzwerkebene. Zur Bildung einer höheren Abstraktionsebene wurde das Distributed Computing Environment (DCE) von der Open Software Foundation (OSF) entwikkelt; diese Middleware-Technologie stellen wir in Kapitel 4.5.1 vor. Mit der steigenden Verbreitung des objektorientierten Paradigmas wurde ein entsprechendes semantisches Referenzsystem notwendig, welches u.a. Objektmodelle sowie die Schlüsseleigenschaften Datenkapselung, Polymorphismus und Vererbung beinhaltet (vgl. Tresch (1996), S. 251). Das Kapitel 4.5.2 liefert uns

---

[12] Übernommen aus: Tresch (2996), S. 249.

einen Überblick über die Middleware-Architektur der Object Management Group (OMG), welche den Untersuchungsgegenstand dieser Arbeit bildet.

4.4.3 Anwendungsebene

Auf oberem Integrationsniveau ist das Referenzsystem zur semantischen Beschreibung der Anwendungen angesiedelt. Die Entwicklung eines Modells, welches den hohen Semantikgehalt der Diskurswelt beschreibt, gestaltet sich als äußerst schwierig, da ein hoher Semantikgehalt in einem Referenzsystem abgebildet werden muß. Die hohe Integrationsebene bedingt einen nur begrenzten Grad an Wiederverwendbarkeit, welcher durch die Beschränkung auf spezielle Anwendungsgebiete erhöht werden kann. Aus diesem Grund finden wir diese Modelle im Versicherungs- und Bankenbereich, da hier die zugrundeliegenden Geschäftsprozesse stärker generalisiert werden können.

4.5 Integrationstechnologien

Um die genannten Vorteile der Integration zu erzielen, wurden diverse Technologien zur Realisierung verteilter Anwendungssysteme auf heterogenen Rechnernetzen entwickelt. Diese haben den Status eines Industriestandards und bilden die Middleware. Wir betrachten die drei wichtigsten Integrationstechnologien und skizzieren kurz deren Unterschiede und Gemeinsamkeiten.

4.5.1 Distributed Computing Environment (DCE)

Die Open Software Foundation liefert mit dem Distributed Computing Environment eine Plattform zur Entwicklung bzw. zum Betrieb verteilter Systeme. Dieses Herstellerkonsortium wurde 1988 als Reaktion auf eine Vereinbarung von SUN und AT&T, einen gemeinsamen UNIX-Standard zu entwickeln, gegründet.

4.5.1.1 Ziele von DCE

Die Hauptzielsetzung von DCE ist die Bereitstellung einer Plattform zur Entwicklung bzw. zum Ausführen verteilter Applikationen, welche die Unterschiede zwischen heterogenen Transportprotokollen, Computerarchitekturen und
Betriebssystemen überbrückt. Mittels eines minimierten Betriebssystemkerns
wird die Transparenz der hardwarespezifischen Unterschiede erzielt, wobei die
DCE-Schicht die Kompatibilität der einzelnen Komponenten zur Ausführung
verteilter Applikationen garantiert (vgl. Langendörfer/Schnor (1994), S. 305).

4.5.1.2 Architektur von DCE

Die Komponenten der DCE-Architektur bilden ein Schichtenmodell (s. Abb. 2),
welches grob in zwei Kategorien unterteilt wird. Zu den Facilities werden die
Schichten DCE Threads sowie DCE Remote Procedure Call gezählt, die Services bilden die darüberliegenden Schichten sowie das Analogon zu den Be-
triebssystemdiensten in monolithischen Systemen (vgl. Schill (1993), S. 11-
12).

Die unterste Schicht der DCE-Komponenten bilden leichtgewichtige Prozesse,
sog. **DCE Threads**, welche auf die lokalen Betriebssystem- und Transport-
dienste aufsetzen und auf dem POSIX-Standard P1003.4a basieren. Die durch
eine Prozeßteilung entstandenen Threads benutzen denselben Adreßraum und
ermöglichen somit eine Parallelverarbeitung, welche die Gesamtleistung des
Systems steigert. Die Funktionalität von DCE Threads besteht in Bibliotheks-
funktionen zum Erzeugen und Löschen leichtgewichtiger Prozesse sowie zu
deren Synchronisation. Oftmals werden Threads bereits vom jeweiligen Betriebssystem unterstützt; DCE bietet eine Option, diese direkt zu verwenden
(vgl. Rosenberry et al. (1993), S. 55-60).

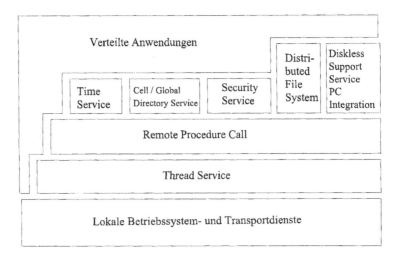

Abbildung 2: Gesamtarchitektur des OSF DCE[13]

Der **Remote Procedure Call** realisiert das Client/Server-Kommunikationsmodell von DCE. Durch den Aufruf einer lokalen Prozedur ist es für einen Client möglich, einen Dienst eines entfernten Servers aufzurufen. Die verwendeten Aufruf- und Ereignisparameter werden in einer speziellen Schnittstellenbeschreibungssprache (engl. Interface Definition Language, IDL) definiert und können fast alle C-Datentypen repräsentieren. Im Regelfall wird ein RPC einmal durchgeführt; entsteht ein Fehlerfall, erfolgt der Aufruf so lange, bis dieser vom Server garantiert einmal ausgeführt wurde (At-most-once-Aufrufsemantik). Für idempotente RPCs, wie beispielsweise einer Leseoperation, steht alternativ die May-be-Aufrufsemantik zur Verfügung, wobei die Aufrufe zwischen überhaupt nicht bis mehrfach ausgeführt werden. Des weiteren können die Aufrufstrukturen beliebig geschachtelt sein, zusätzlich besteht die Möglichkeit asynchroner RPCs (vgl. Schill (1993), S. 41-43).

Die verteilte Namensverwaltung wird durch den **DCE Directory Service** realisiert, der sich in drei Komponenten aufteilt:

- DCE Cell Directory Service (CDS)
- DCE Global Directory Service (GDS)
- DCE Global Directory Agent (GDA)

---

[13]Übernommen aus Schill (1993), S. 11.

Jede Zelle[14] besitzt einen Cell Directory Service, welcher die Namen und Eigenschaften aller Ressourcen der jeweiligen Zelle verwaltet. Dieser Dienst ist für lokale Zugriffe optimiert und verwendet ein repliziertes, verteiltes Datenbanksystem, um eine gute Performance sowie eine hohe Verfügbarkeit bei Serverausfällen zu erlangen. Soll auf die Namen anderer Zellen zugegriffen werden, so wird der **Global Directory Service** benutzt. Dieser verwendet den X.500-Standard,[15] welcher die Kompatibilität zu anderen X.500-Verzeichnissen gewährleistet, die nicht auf DCE basieren. Darüber hinaus steht auch der Naming Service des Internets Domain Name Service (DNS) zur Verfügung. Um eine Unabhängigkeit von den Protokollen von GDS und DNS zu erzielen, existiert in jeder Zelle zusätzlich zum CDS ein **Global Directory Agent** als Dämonprozeß, welcher Anfragen bzgl. der zellenübergreifenden Verzeichnisdienste mittels RPC erhält und bearbeitet (vgl. Tanenbaum (1995), S. 629-639).

Der **DCE Distributed Time Service (DTS)** ist verantwortlich für die Synchronisation aller Uhren in einem verteilten System. Spezielle Time Server teilen auf periodische Anfrage der übrigen Knoten (Time Clerks) die aktuelle Systemzeit durch eine Synchronisationsnachricht mit, wobei die Universal Time Coordinated (UTC) nach dem Standard ISO/DIS 8601 verwendet wird. Zur zellenübergreifenden Zeitermittlung stehen zusätzlich globale Time Server zur Verfügung, welche mit den Time Servern in den einzelnen Zellen kommunizieren (vgl. Schill (1993), S. 24-26).

Eine wichtige Forderung für die Verwaltung verteilter Systeme ist die Verhinderung von Zugriffen unberechtigter Benutzer bzw. Programme auf Dienste, Daten und Übertragungsnachrichten. Der **DCE Security Service** arbeitet vorwiegend mit dem RPC zusammen und liefert folgendes Leistungsspektrum:

- Authentisierung (auch als Authentifizierung bezeichnet)
- Autorisierung
- Verschlüsselung

Unter einem Prinzipal verstehen wir im folgenden einen Benutzer, DCE-Server, Applikationsserver etc., der in einem verteilten DCE-System unter Einhaltung von Sicherheitsaspekten kommunizieren will, wobei jedem Prinzipal eine eindeutige Binärzahl als Unique User Identifier (UUID) zugeordnet wird. Der erste Schritt dient der Feststellung, ob ein Prinzipal (Benutzer, DCE-Server, Appli-

---

[14]Eine Zelle ist eine Verwaltungseinheit in einem DCE-basierten, verteilten System; das Konzept wird im Abschnitt 1.4.1.3 eingeführt.

[15]X.500 ist in ISO 9594 definiert.

kationsserver etc.) sich mit seinem tatsächlichen Login-Namen angemeldet hat. Der Authentisierungsprozeß verwendet hierzu das am M.I.T. entwickelte Kerberos-System, wobei unterschiedliche Granularitäten hinsichtlich der Sicherheitsklassen existieren. Nachdem ein Prinzipal erfolgreich authentifiziert wurde, wird bei jedem Ressourcenzugriff überprüft, ob der Benutzer bzw. der Prozeß autorisiert ist. Die Realisierung erfolgt über eine Access Control List (ACL) für jede Ressource. Komplexe Verschlüsselungsverfahren unterbinden zusätzlich ein unberechtigtes Lesen bzw. eine Manipulation der übertragenen Nachrichten (vgl. Schill (1993), S. 21-24, sowie Tanenbaum (1995), S. 639-641).

Werden in eine verteilte Umgebung Workstations ohne Hintergrundspeicher integriert, so bietet der **Diskless Support Service (DSS)** seinen Dienst an. Auf jedem plattenlosen Rechner existiert dann ein Diskless Client, welcher mit einer auf einem Server existenten Dateiverwaltung kommuniziert und somit die Funktionalität des Hintergrundspeichers liefert.

Der Dienst **PC Integration** ermöglicht die Einbindung von Personal Computern, welche wegen ihrer relativ geringen Leistungsfähigkeit als Clients verwendet werden. Diese Komponente ermöglicht die Entwicklung eingeschränkter RPC-Server mit begrenzten Betriebsmittelanforderungen, DCE-Systemserver können jedoch nicht realisiert werden. Das Haupteinsatzgebiet ist der entfernte Dateizugriff sowie die Nutzung der Drucker in der verteilten Umgebung.

4.5.1.3 Organisation verteilter DCE-Systeme

Um eine maximale Skalierbarkeit zu erzielen, werden Benutzer, Maschinen sowie andere Ressourcen zu Verwaltungseinheiten gruppiert, welche als Zellen bezeichnet werden. Im betrieblichen Umfeld spiegelt diese Struktur idealerweise die Organisation eines Unternehmens wider, da die Kommunikation zwischen den verschiedenen Komponenten einer Zelle optimiert ist. Die Festlegung der einzelnen Zellgrenzen wird eher von wirtschaftlichen als von geographischen Randbedingungen bestimmt und sollte folgende Aspekte berücksichtigen:

* Zweck
* Administration
* Sicherheit
* Overhead

Die Organisation bzgl. des **Zweckes** orientiert sich nach gemeinsamen Zielen einzelner Komponenten, welche zu einer Zelle zusammengefaßt werden können. Entwicklung, Produktion und Verkauf eines bestimmten Produktes können in einer Zelle enthalten sein, bei funktionsorientierten Unternehmen bilden die Abteilungen Entwicklung, Finanzen, Personal etc. jeweils eine Verwaltungseinheit.

Die **Administration** erfolgt durch eine oder mehrere Personen, welche auf die unterschiedlichen DCE-Dienste zugreifen können.

In Analogie zu den Organisationseinheiten eines Unternehmens läßt sich der **Sicherheitsaspekt** auf die Definition der Zellgrenzen übertragen. Beispielsweise besteht innerhalb eines Unternehmens in der Personalverwaltung ein größeres Vertrauen der einzelnen Mitglieder untereinander als zu anderen Beschäftigten. DCE erleichtert den Zugriff auf zelleninterne Ressourcen, während die Kommunikation mit anderen Zellen aufwendige Operationen zur Gewährleistung der Sicherheitsanforderungen erfordert.

Bedingt durch den hohen Aufwand für die zellenübergreifende Kommunikation impliziert eine hohe Anzahl von Zellen einen **Overhead** bzgl. der Konvertierung von Namen sowie Authentisierungsfunktionen. Obwohl geographische Gegebenheiten bei der Einteilung in Zellen weniger stark berücksichtigt werden sollten, ist jedoch die relativ geringe und unzuverlässige Leistung eines Wide Area Networks (WAN) zu beachten.

Unabhängig von der Größe einer Zelle besteht die Minimalkonfiguration aus einem Cell Directory Server, einem Security Server sowie einem Distributed Time Server, welche alle auf der selben Maschine laufen können. In der Regel existieren zusätzlich Application Server und Application Clients, welche die verteilten Anwendungen repräsentieren (vgl. Rosenberry et al. (1993), S. 23-37, bzw. Tanenbaum (1995), S. 608-610).

4.5.2 Object Linking and Embedding (OLE)

Der Marktführer für Desktop-Applikationen, Microsoft, entwickelte für die Betriebssystemfamilie Windows eine Basistechnologie mit der Bezeichnung Object Linking and Embedding, welche die Entwicklung komponentenorientierter Applikationen unterstützt. In dieser Darstellung beschreiben wir kurz die Historie und Motivation von OLE, um nachfolgend das zugrundeliegende Objektmodell und die Architektur vorzustellen.

4.5.2.1 Motivation

Das ursprüngliche Ziel der OLE-Technologie verfolgt die Erstellung komplexer Dokumente, welche neben Text die Komponenten Vektor- bzw. Pixelgrafik, Bilder, Tabellen, Video, Sprache etc. beinhalten. Der Benutzer benötigt zum Lesen und Verstehen dieser multimedialen Dokumente spezifische Anwendungskomponenten, deren Integration auf zwei Arten realisiert werden kann. Das mit dem Namen Object Linking bezeichnete Verfahren beschreibt das Verbinden des Objektes mit dem entsprechenden Dokument, alternativ kann das Objekt durch eine Kopie direkt in das Dokument eingebettet werden (Object Embedding), wobei das aufnehmende Dokument immer als Container bezeichnet wird. Die erste Version OLE1 öffnete zur Bearbeitung einer Komponente jeweils ein Fenster mit der entsprechenden Anwendung, in der Nachfolgeversion OLE2 entfällt diese Notwendigkeit. Wichtiger sind jedoch die technischen Weiterentwicklungen, insb. der Wechsel vom dokumentenorientierten zum objektorientieren Ansatz, welcher mit dem weiter unten beschriebenen Objektmodell Component Object Model realisiert wird (vgl. Meyer (1994), S. 48).

4.5.2.2 Leistungsumfang

In Anlehnung an OLSOWSKY-KLEIN besitzt OLE u.a. folgende Eigenschaften (vgl. Olsowsky-Klein (1995), S. 44-46):

Visual Editing
Aufgrund dieser Eigenschaft kann der Anwender jedes Objekt in einem Containerdokument manipulieren, indem im Hintergrund die entsprechende Applikation gestartet wird, deren Menüzeile und Toolbars übernommen werden. Hierdurch entfällt die Notwendigkeit, die objektspezifische Anwendung manuell aufzurufen, was somit eine große Arbeitserleichterung darstellt, die in jedes Informationssystem integriert werden kann.

Drag&Drop
Diese aus Desktop-Systemen nicht mehr wegzudenkende Eigenschaft beschreibt das Verschieben von Objekten über Anwendungsgrenzen hinaus.

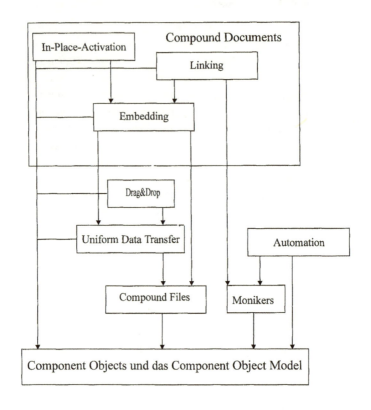

Abbildung 3: Die Architektur von OLE 2.0[16]

Speicherunabhängige Referenzen

Referenzen ermöglichen die Beeinflussung von eingebetteten Objekten in einem Verbunddokument ohne Kenntnis des zugrunde liegenden Dateisystems.

---

[16]Übernommen aus: Brockschmidt (1994).

Automation

Mittels Automation können Objekte Methoden und Eigenschaften exportieren, welche außerhalb von Verbunddokumenten über Programmiersprachen aufgerufen werden können.

4.5.2.3 Component Object Model

Für die Realisierung der OLE-Dienste dient das Component Object Model (COM), das ein Kommunikationsprotokoll spezifiziert und das Binden der einzelnen Objekte ermöglicht. Die Funktionalität besteht in der Bereitstellung von Basisinteraktionen (z.B. Abfragemöglichkeiten, Unterstützung von Methoden etc.) und in der Definition eines binären Objektstandards zur Interoperabilität der Komponenten. Ein Objektmodell erzeugt und verwaltet die einzelnen Objekte, wobei es auf verteilte Systeme erweitert werden kann (DCOM). Das Component Object Model stellt somit die unterste Architekturebene dar, auf der die oben beschriebenen Dienste zugreifen können (s. Abb. 3).

4.5.3 Common Object Request Broker Architecture (CORBA)

Im April 1989 wurde die Object Management Group (OMG), das größte Firmenkonsortium der Computerbranche, zwecks Entwicklung eines herstellerunabhängigen Standards gegründet. Ausgehend von elf Gründungsmitgliedern (Data General, Hewlett-Packard, Sun, Canon, American Airlines, Unisys, Philips, Prime, Gold Hill, SoftSwitch, 3COM), schlossen sich bis heute mehr als 600 Unternehmen, Organisationen und Universitäten der OMG an.

In diesem Kapitel setzen wir uns mit der Motivation bzgl. der Entwicklung eines Standards für objektorientierte Systeme auseinander, und betrachten vertiefend das grundlegende Architekturmodell.

In letzter Zeit findet in der OMG eine Neuorientierung statt, welche einen stärkeren Fokus auf spezifische Anwendungsgebiete legt. Infolgedessen wurden die entsprechenden Special Interest Groups (SIGs) zu Domain Task Forces (DTFs) aufgewertet.

4.5.3.1 Zielsetzungen der OMG

Im Gegensatz zu den Standardisierungserfolgen im Ingenieurwesen wird die Computerindustrie von heterogenen Entwicklungen bestimmt, was sich in unterschiedlichen Netzwerkprotokollen, Dateiformaten, Hardwarearchitekturen etc. widerspiegelt. Dies begründet sich einerseits aus dem Bestreben der Hersteller, durch proprietäre Produkte einen Marktvorteil zu gewinnen, andererseits verlangt der Kunde ein vielfältiges Produktspektrum. Folglich kann die Heterogenität der DV-Welt nicht umgangen werden, und so verfolgt die OMG das Ziel, die einzelnen Systeme mittels definierter Schnittstellen interoperabel zu gestalten (vgl. Soley (1996), S. 3-4).

R. SOLEY, Vizepräsident und technischer Direktor der OMG, bemerkt hierzu:

„Furthermore, the OMG solution should address the level of detail necessary to support the concept of the Global Information Appliance - that any computer (from toaster to supercomputer) running any application ought to be able to access the services of any other application that can be physically addressed."
(Soley (1996), S. 4)

Diese anspruchsvolle Zielsetzung bedarf einer konsequenten Strategie zur Standardisierung der Schnittstellen, wobei die Definition eines Architekturmodells unabdingbar ist. Als Basis dient die Object Management Architecture (OMA), deren erste Version 1991 veröffentlicht wurde und wir nun betrachten.

4.5.3.2 Object Management Architecture

Als grundlegendes Referenzmodell entwickelte die OMG die Object Management Architecture (OMA), wobei eine einheitliche Sicht auf heterogene Systeme definiert wird und folgende zwei Ideen verfolgt werden (vgl. Soley (1996), S. 4):

- Die Objekttechnologie dient als Basis für die Schnittstellenspezifikation realer Probleme.
- Es werden nur solche Spezifikationen standardisiert, von denen ein implementiertes (und getestetes) Produkt vorliegt oder in naher Zukunft vorliegen wird.

Die OMA besitzt als Bussystem fünf Komponenten und ermöglicht die Interoperabilität unterschiedlicher Applikationen. Es werden zwei Kategorien von Objektschnittstellen unterschieden. Die unter CORBAservices (Object Servi-

ces)[17] zusammengefaßten Dienste wurden nach dem ORB als zweite Komponente standardisiert und bilden mit den CORBAfacilities (Common Facilities
und Domain Interfaces) die Kategorie der anwendungsneutralen horizontalen
Dienste. Die vertikalen Dienste setzen sich aus den CORBAapplications
(Applikation Interfaces) zusammen (s. Abb. 4).

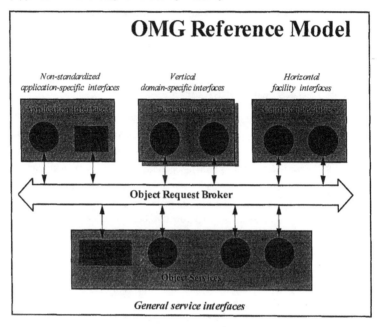

Abbildung 4: Object Management Architecture

4.5.3.3 Object Request Broker

Der als Kommunikationszentrale fungierende Object Request Broker (ORB)
bildet die Kernkomponente der OMA und durchlief aus diesem Grund das erste
Standardisierungsverfahren der OMG. Das Ziel ist die Spezifikation der Common Object Request Broker Architecture, welche mit dem Akronym CORBA
bezeichnet wird und seit Dezember 1994 in der Version 2.0 vorliegt.

---

[17]In Klammern stehen die alten Bezeichnungen, die aufgrund der Neuorganisation der

Die Funktionalität eines ORBs besteht in der Vermittlung der einzelnen Objektaufrufe, wobei jeder Request zwangsläufig mindestens einen ORB passieren muß. Die Lokation des Zielobjektes ist hierbei für das aufrufende Objekt transparent, dafür übernimmt der ORB die gesamte Kommunikation, wobei insb. Plattformen und Programmiersprache der beteiligten Objekte unterschiedlich sein können. Während in der ersten Spezifikation nur die Objekte eines Brokers miteinander Nachrichten austauschen konnten, wurde in der Version 2.0 die wichtige Interoperabilität mehrerer ORBs spezifiziert.

4.5.3.4 CORBAservices

Die Objektdienste liefern Basisfunktionen zur Objektverwaltung in verteilten Systemen. Die OMG veröffentlichte fünf RFPs, deren Zielsetzung die Veröffentlichung der entsprechenden Common Object Services Specification (COSS) darstellt. Die zugrundeliegende Object Service Architecture definiert Eigenschaften und Beziehungen der Dienste untereinander und wird von der OMG aktualisiert. Im einzelnen existieren folgende Spezifikationen, deren Standardisierungsprozeß sich von Oktober 1993 bis März 1996 erstreckte (vgl. Emmerich et al. (1996), S. 46-56 sowie OMG Document 95-01-47).

4.5.3.4.1 COSS 1

Object Naming Service
Der Object Naming Service ermöglicht die Abbildung von Namen auf Objektreferenzen, welche als Name Binding bezeichnet werden und in einem Naming Context eindeutig bestimmt sind.

Object Event Notification Service
Dieser Dienst ermöglicht die asynchrone Kommunikation zwischen verteilten Objekten.

Object Lifecycle Service
Der Lebenszyklus eines Objektes besteht aus den Operationen Erzeugen, Kopieren, Löschen und Verschieben, deren Schnittstellen im Lifecycle Service bereitgestellt werden. Das Erzeugen von Objekten geschieht mittels sog. factory objects.

OMG geändert wurden.

Persistent Object Service

Der Aufgabenbereich des Persistent Object Service (POS) liegt in der Bereitstellung von Schnittstellen zur persistenten Speicherung von Objekten.

4.5.3.4.2 COSS 2

Concurrency Control Service

Zur Integritätssicherung nebenläufiger Objektzugriffe ermöglicht der Concurrency Control Service deren Synchronisation mittels diverser Sperrmechanismen.

Externalisation Service

Dieser Dienst definiert ein Protokoll, um einen Objektzustand in einen Datenstrom zu definieren, welcher bspw. in einer Datei gespeichert wird. Zum Einlesen des Streams in den ursprünglichen Objektzustand dient der ebenfalls an dieser Stelle spezifizierte Internalisation Service.

Object Relationship Service

Mittels Object Relationship Service können Beziehungen zwischen Objekten erzeugt, durchlaufen und gelöscht werden, wobei zwei zusätzliche Objekttypen, Beziehungen und Rollen, definiert werden. Die Spezifikation differenziert drei verschiedene Ebenen:

1. Die grundlegende Schicht definiert Beziehungen und Rollen sowie Navigationsfunktionalitäten.
2. Die Schnittstelle Traversal beschreibt Operationen zum Verhalten von Graphen, welche die Beziehungen zwischen den einzelnen Objekten repräsentieren.
3. Die dritte Schicht stellt die beiden binären Beziehungstypen Containment und Reference bereit.

Object Transaction Service

Eine wichtige Eigenschaft in einem verteilten System ist die Gewährleistung von Transaktionen (Folge von Objektaufrufen), welche ACID-konform[18] sind. Diese Integritätssicherung wird aurch den Object Transaction Service ge-

---

[18]Die ACID-Eigenschaften sind: Atomicity, Consistency, Isolation, Durability.

währleistet, die neben flachen Transaktionen auch verschachtelte unterstützt und hierfür die Dienste Concurrency Control Service sowie Persistent Object Service benutzt.

4.5.3.4.3 COSS 3

Object Security Service

Der Erfolg verteilter Objektsysteme ist stark abhängig von der Qualität der Sicherheitsmechanismen. Dieser Bereich wird durch den Object Security Service abgedeckt, welcher eine sehr umfangreiche, über 300 Seiten umfassende, Spezifikation darstellt und die Themenbereiche Identifikation, Autorisierung, Zugriffskontrolle sowie Non-Repudiation umfaßt.

Object Time Service

Zur Synchronisierung der Uhren in einem verteilten System dient der Object Time Service, wobei die Universal Time Coordinated (UTC) verwendet wird.

4.5.3.4.4 COSS 4

Object Licensing Service

In der Regel bestehen Zugriffsbeschränkungen für bestimmte Objekte, so daß nur lizensierte Benutzer auf diese zugreifen dürfen. Der Object Licensing Service vergibt Lizenzattribute, mit deren Hilfe sich Lizenzdauern und Metriken festlegen lassen.

Object Properties Service

Zusätzlich zu den Attributen der einzelnen Objekte können diesen Eigenschaften zugeordnet werden, die durch den Object Properties Service manipuliert werden.

Object Query Service

Anfragen bzgl. einer Kollektion von Objekten erfolgen mittels deklarativer Spezifikation auf der Basis von Prädikaten über Attributwerte. Eine Implementierungsanforderung des Object Query Service ist die Unterstützung von SQL oder des Standards ODMG-93.

4.5.3.4.5 COSS 5

Collection Object Service

Dieser Dienst unterstützt eine effiziente Behandlung von Objektgruppierungen, wie bspw. Mengen, Schlangen, Listen.

Trading Service

Die Alternative zum Object Naming Service dient dem Auffinden von Objekten bzgl. bestimmter Signaturen.

Startup Service

Mittels dieser Spezifikation wird eine standardisierte Initialisierung der einzelnen Komponenten der Object Management Architecture sichergestellt.

4.5.3.4.6 RFP-6

Object Change Management Service

Verteilte Objektsysteme haben i.d.R. eine lange Lebensdauer, in der Erweiterungen bzw. Modifikationen durchgeführt werden. Der Object Change Management Service stellt hierfür Schnittstellen zur Versionierung und Konfigurierung von Objectinterfaces bzw. -implementationen bereit.

4.5.3.5 CORBAfacilities

Im Gegensatz zu den CORBAservices sind die CORBAfacilities kein notwendiger Bestandteil einer CORBA-Implementierung, sondern mehr als zusätzliche Dienste zu sehen, was auch den späteren Zeitpunkt ihres Standardisierungsprozesses erklärt. Aufgrund der Umstrukturierung der OMG im Hinblick auf eine stärkere Berücksichtigung der Anwender wurden die zu einer Einheit zusammengefaßten CORBAfacilities in zwei Komponenten gesplittet (s. Abb. 5).

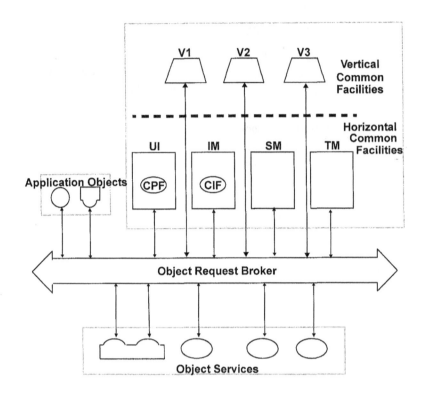

Abbildung 5: Die CORBAfacilities in der OMA[19]

Die horizontalen CORBAfacilities beschreiben anwendungsneutrale Dienste und gliedern sich in folgende Kategorien:

User Interface (UI)

Diese Spezifikation ermöglicht dem Anwender die Entwicklung und den Betrieb von Benutzeroberflächen und gliedert sich in fünf Komponenten. Das **Rendering Management** ist verantwortlich für Fensterverwaltung und Benutzerdialoge sowie für die Einbindung der Ein- und Ausgabegeräte. Die Präsentation von Verbunddokumenten ist Gegenstand der **Compound Presentation Facility (CPF)** und wurde im Rahmen des RFP-1 standardisiert. Unter-

---

[19]Übernommen aus: OMG Document 94-09-13.

stützung in Form einer Help User Support Facility bzw. Text Checking sind die Funktionen der **User Support Facilities**, während das **Desktop Management** die Verwaltung der Benutzeroberfläche übernimmt, wie bspw. benutzerspezifische Umgebungen, Login/Logout-Routinen etc.. Das Scripting ermöglicht die interaktive Erzeugung automatischer Skripte (vgl. OMG Document 95-01-02, S. 21-34).

Information Management (IM)

Die Zielsetzung der Information Management Common Facilities besteht in der wirtschaftlichen Verwendung der bereitgestellten Informationen, d.h. eine effiziente Informationsverwaltung soll den maximalen Nutzen der Informationen ermöglichen. Die Methoden beinhalten festgelegte Regeln zum Strukturieren, Zugreifen und Pflegen der Datenbestände sowie den flexiblen Austausch der Daten. Die **Information Modelling Facility** stellt u.a. graphische Editoren, Datenrepositories, Browser sowie die entsprechenden Schnittstellen bereit, des weiteren werden referentielle Integrität, sichere Zugriffe und Transaktionen sichergestellt. Der Aufgabenbereich Auffinden und Speichern von Informationen wird durch die **Information Storage and Retrieval Facility** realisiert. Die Spezifikationen der **Compound Interchange Facility (CFI)**, **Data Interchange Facility** sowie **Information Exchange Facility** unterstützen den Austausch von Verbunddokumenten, Daten und Informationen, wobei erstgenannte im RFP-1 enthalten sind. Die Data Encoding and Representation Facility beschreibt die Daten(de)kompression sowie -translationen, während die Time Operations Facility Zeitfunktionen beinhalten (vgl. OMG Document 95-01-02, S. 35-54).

System Management (SM)

Diese Komponente differenziert vier Benutzerklassen (User, Developer, Service Provider, Enterprise) und dient der Systemverwaltung, indem Spezifikationen bzgl. der Dienste zur Komponentenverwaltung, Customizing und Event Management bereitgestellt werden (vgl. OMG Document 95-01-02, S. 55-61).[20]

---

[20]Nach meiner Ansicht ist das Dokument bzgl. Kapitel 7 unvollständig.

Task Management (TM)

In dieser Einheit, welche vier Facilities beinhaltet, werden Benutzertasks verwaltet. Die **Workflow Facility** differenziert zwei Arten des Workflow Service, production-based und coordination-based. Der erstgenannte repräsentiert strukturierte, organisationsspezifische Prozesse, während der zweite die Koordination mehrerer Mitarbeiter unterstützt. Statische und dynamische Agenten sind der Aufgabenbereich der **Agent Facility**, deklarative Ereignis-Bedingungs-Aktions-Regeln werden in der **Rule Management Facility** verwaltet. Als Ergänzung zur Funktionalität des Object Request Brokers dient die Automation Facility ebenfalls Objektzugriffen, ist aber vorrangig für grobkörnige Objekte (Dokument, Tabelle etc.) gedacht (vgl. OMG Document 95-01-02, S. 63-78).

Die vertikalen CORBAfacilities beschreiben branchenspezifische Standardisierungen, welche von den einzelnen Special Interest Groups (SIG) bzw. Domain Task Forces (DTF) bearbeitet werden. Gab es anfangs nur die SIGs, so wurde aufgrund einer stärkeren Fokussierung der Anwendungsbereiche ein Domain Technology Committee gegründet, welches sich derzeit aus sechs DTFs zusammensetzt. Es existieren folgende Domain Task Forces, deren Mitgliederzahl zwischen 20 und 50 beträgt (vgl. Siegel[21] (1996), S. 7-8):

- Finance DTF
- Telecom DTF
- Business Object Management DTF
- Healthcare DTF
- Manufacturing DTF
- Electronic Commerce DTF

4.5.3.6 CORBAapplications

Obwohl standardisierte Bausteine die Softwareentwicklung vereinfachen und kostengünstig gestalten, werden verteilte Systeme großenteils aus Application Objects bestehen. Diese sind anwendungsspezifisch und werden aus diesem Grund nicht von der OMG standardisiert.

---

[21]Joe Siegel hat den Vorsitz im Domain Technology Committee inne.

4.5.3.7 Interface Definition Language

Die Interoperabilität der CORBA-Anwendungen wird durch eine Interface Definition Language ermöglicht, welche die gleichen lexikalischen Regeln wie C++ besitzt und eine Schnittstellenvererbung[22] erlaubt. Mittels standardisierten Language Mappings können aufgrund der IDL-Definitionen häufig verwendete Programmiersprachen (C, C++, Smalltalk, ADA, Java[23]) benutzt werden (vgl. Ben-Nathan (1995), S.49-56).

4.5.4 Vergleich der verschiedenen Integrationstechnologien

Der Einsatz einer Plattform zur Integration einzelner Anwendungen ist eine wichtige strategische Entscheidung, welche von eine Vielzahl von Faktoren beeinflußt wird. Im nachfolgenden Vergleich betrachten wir jeweils die Stärken und Schwächen der einzelnen Technologien, wobei wir den Fokus auf die Wiederverwendung und Interoperabilität einzelner Komponenten legen.

4.5.4.1 Technologische Aspekte

Die Integration einzelner Anwendungen wird von den drei vorgestellten Basistechnologien technisch unterschiedlich realisiert; diese Tatsache erklärt sich aus den unterschiedlichen Zielsetzungen und Vorgehensweisen der beteiligten Unternehmen und Herstellerkonsortien. So stellt OLE eine proprietäre Entwicklung der Firma Microsoft dar, die aufgrund der starken Verbreitung der Windows-Produkte den Status eines Quasi-Standards für Desktop-Anwendungen erreicht hat. Im Gegensatz hierzu wurden die Entwicklungen von DCE und CORBA von Herstellerkonsortien initiiert, unter denen die Object Management Group mit über 600 Mitgliedern den z.Z. größten Zusammenschluß in der Computerindustrie darstellt.

Die Stärken der **DCE-Technologie** bestehen in der Realisierung notwendiger Dienste für die Entwicklung und den Einsatz verteilter Systeme, wobei besonders der Security Service einen großen Vorteil für die praktische Umsetzung darstellt. Die Bereitstellung einer Referenzimplementierung seitens der Open

---

[22]Eine Implementierungsvererbung ist nicht möglich.
[23]Das Language Mapping für Java wird für März 1997 erwartet.

Software Foundation ist verantwortlich für die Vielzahl der verfügbaren DCE-Produkte, welche für die wichtigsten Plattformen erhältlich sind. Als nachteilig empfinde ich die Ausrichtung auf die prozedurale Programmierung.

Die proprietäre Entwicklung **OLE/COM** gefällt durch den objektorientierten Ansatz sowie dessen Integration in eine Betriebssystemfamilie. Die Programmiersprachenunabhängigkeit aufgrund des Binärstandards wird relativiert durch den hohen Programmieraufwand bzgl. einer OLE-Applikation.

Infolge der zahlreichen Spezifikationen bzw. Anfragen zu Vorschlägen sowohl in technologischer als auch anwendungsspezifischer Sicht nimmt die **CORBA-Technologie** eine zentrale Stellung ein. Positiv zu vermerken sind die breite Akzeptanz, welche sich in der hohen Mitgliederzahl der OMG widerspiegelt, sowie die verstärkte Entwicklung spezialisierter Lösungen bzgl. einzelner Branchen (z.B. Telekommunikation, Transport, Finanzwesen etc.). Das Herstellerkonsortium hat sich den Einsatz der modernen Entwicklungsparadigmen Wiederverwendung und Integration auf Anwendungsebene zum Ziel erklärt und liefert aus diesem wohl den komplettesten Lösungsansatz. Aufgrund dieser Komplexität sind viele Standardisierungsprozesse noch nicht abgeschlossen, weil die OMG statt einer Referenzimplementierung nur Spezifikationen bereitstellt, sind viele Dienste in den z.Z. erhältlichen Produkten noch nicht realisiert.

4.5.4.2 Potential der Wiederverwendung

Die **DCE-Technologie** wird in erster Linie zur Vereinfachung der Entwicklung verteilter Systeme eingesetzt, wobei der Aspekt der Wiederverwendung eher als nachrangig zu sehen ist. Diese Tatsache spiegelt auch das prozedurale Paradigma wieder, im Zuge der Objektorientierung wurden diverse, auf C++ basierende, Erweiterungen vorgestellt. Eine Beispiel ist OODCE von Hewlett-Packard, dessen Weiterentwicklung laut einer Äußerung[24] von J. DILLEY jedoch eingestellt wurde.

Ein erklärtes Ziel der OMG ist die Erstellung wiederverwendbarer Softwarebausteine mit standardisierten IDL-Schnittstellen, so daß einmal entwickelte **CORBA**-Komponenten aufgrund der Interoperabilität mehrfach verwendet werden können.

---

[24]Diese Entscheidung wurde am 28. Februar 1996 anläßlich der Konferenz „IFIP/IEEE International Conference on Distributed Platforms '96" in Dresden im Rahmen eines Vortrags geäußert.

Der Begriff Componentware wird sehr häufig mit **OLE/COM** assoziiert und die Schaffung marktkäuflicher Binärbausteine zum Ziel. Die Wiederverwendung findet hier in einer späten Phase des Softwareentwicklungszyklus' statt, wobei der Erfolg mit der Anzahl der angebotenen Komponenten steigt.

4.5.4.3 Interoperabilität

Die **DCE-Technologie** ermöglicht ab der 1992 veröffentlichten Version 1.0 die Interoperabilität über Hersteller- und Plattformgrenzen hinweg; diese Fähigkeit wird durch die Abstammung aller RPC-Implementierungen vom selben Quellcode-Pool erzielt, wobei hier die Implementierung von Microsoft ausgenommen ist (vgl. Brando (1996), S. 22 sowie Roy/Ewald (1994), S. 46-47).

Infolge der Beschränkung auf die Plattformen Windows und MacOS sind der Interoperabilität von **OLE** technologische Grenzen gesetzt, welchen aber aufgrund der weiten Verbreitung OLE's keine besondere Bedeutung zukommt. Die Weiterentwicklung Distributed Component Object Model (DCOM), das früher als Network OLE bezeichnet wurde, ermöglicht die Erstellung verteilter Applikationen, des weiteren entwickelt die OMG eine Spezifikation zur Verbindung von COM und CORBA.[25]

Erst seit dem Erscheinen der Version **CORBA 2.0** im Dezember 1994 ist die Interoperabilität herstellerdifferenter ORBs gewährleistet, welche mittels des Internet Inter-ORB-Protokolls spezifiziert wird. Diese Entwicklung stellt einen wichtigen Meilenstein in den Standardisierungsverfahren der OMG dar und ermöglicht zumindest die theoretische Erstellung interoperabler Applikationen über Hersteller-, Programmiersprachen-, Betriebssystem- und Netzwerkgrenzen hinweg. Optional kann das leistungsfähigere Common Inter-ORB Protokoll verwendet werden, welches auf der DCE-Technologie aufbaut. Zur Zeit sind die Herstellerfirmen gefordert, die verabschiedeten Standards in ihre Produkte zu integrieren; die derzeit verfügbaren CORBA 2.0 Implementierungen erfüllen bei weitem noch nicht die in sie gesetzten Erwartungen.

4.5.4.4 Resümee

Das größte Erfolgspotential zur Entwicklung integrierter Informationssysteme besitzt die CORBA-Technologie. Diese vereint in hervorragender Weise die

---

[25]Zum Interworking COM-CORBA existieren zwei RFPs.

Paradigmen Objektorientierung und Integration bzw. Verteilung unterschiedlicher Applikationen und erfährt zudem einen großen Zuspruch seitens der DV-Industrie. Der z.Z. herrschende Mangel an geeigneten Produkten läßt sich durch die Tatsache erklären, daß die Standardisierungsverfahren teilweise noch nicht abgeschlossen sind, jedoch ist nach meiner Ansicht für das Jahr 1997 der große Durchbruch zu erwarten. Voraussetzung hierfür sind jedoch eine vollständige Implementierung der verabschiedeten Standards sowie die Interoperabilität zu DCOM, da die Rolle von Microsoft in der OMG weiterhin undurchsichtig bleibt. Aufgrund der ausgereiften Entwicklung besitzt DCE z.Z. noch eine große Bedeutung, insb. in Systemen mit hohen Sicherheitsanforderungen; der Stellenwert dürfte jedoch in Zukunft zurückgehen.

5 Geschäftsobjekte als Basis integrierter Informationssysteme

Wiederverwendung und Integration als neue Orientierungen bergen ein großes Potential zur effizienten Entwicklung komponentenbasierter Informationssysteme, die Synthese beider Paradigmen führt uns zur Idee der Geschäftsobjekte, die als neues Konzept z.Z. sämtliche Konferenzbände und Fachbücher füllen.

Zu Beginn stellen wir die grundlegende Idee der Businessobjekte vor, gefolgt von unterschiedlichen Entwicklungen einiger DV-Herstellerfirmen. Ein zentraler Punkt dieser Arbeit bilden die Aktivitäten der OMG, welche eine spezielle Domain Task Force zur Standardisierung von Geschäftsobjekten gegründet hat. Als Abschluß beschreiben wir einen Anforderungskatalog, auf dessen Basis wir das Potential der CORBA-Technologie im weiteren Verlauf bewerten.

5.1 Motivation

Die Motivation für die Verwendung von Geschäftsobjekten liegt in der Hoffnung, unternehmensweite bzw. -übergreifende DV-Anwendungen einfach und kostengünstig zu entwickeln. Bisherige Ansätze erforderten die Erstellung eines Gesamtmodells, welche das System der Unternehmung bzw. mehrerer Unternehmen in ein Informationsmodell abbildet. Für das Scheitern dieser Vorgehensweise sind zwei Gründe vorrangig verantwortlich. Zum einen ist es selbst für erfahrene Analytiker sehr kompliziert, ein adäquates Modell der komplexen betrieblichen Diskurswelt zu entwickeln; zum anderen herrscht im Wirtschaftssystem eine starke Dynamik: Selbst wenn die Analysephase erfolgreich abgeschlossen ist, ist die Wahrscheinlichkeit einer Änderung der Anfornderungen sehr hoch (vgl. Hertel (1995), S. 36).

Auch TAYLOR beschreibt als zentralen Nachteil die Unflexibiltät des Softwareentwicklungsprozesses und schlägt die Entwicklung adaptiver Informationssysteme vor, welche sofort auf geänderte Anforderungen des Geschäftslebens reagieren können:

„The demands for continous process optimization require a radical rethinking of how information systems are designed and constructed. It is no longer suf-

ficient to produce fixed solutions to fixed business problems. Informations sy-stems, like the business systems they support, must be adaptive in nature. They must be capable of sustained, graceful change in response to evolving business requirements, as shown below. " (Taylor (1995), S. 8)

Vergleicht man die einzelnen Strategien zur Verbesserung der Systement-wicklung, so liegt die Ursache in der Trennung von Unternehmensmodellen und den entsprechenden Modellen zur Softwareentwicklung. Dieser Bruch be-dingt einen Verlust von Semantik, da die komplexen betrieblichen Systembe-ziehungen nur selten vollständig mit konventionellen Methoden modelliert werden können. Aus den Lösungsansätzen kristallisiert sich die konsequente Anwendung der Objekttechnologie als zukunftsweisende Vorgehensweise her-aus.

Laut RÖSCH sind Businessobjekte der jüngste Entwicklungsschritt der Objekt-orientierung und erlauben die Repräsentation realer Entitäten aus dem Ge-schäftsleben. Im Vergleich zu den als „Objektorientierung im kleinen" be-zeichneten Programmiersprachen (C++, Smalltalk etc.) erlaubt die durch Ge-schäftsobjekte ermöglichte „Objektorientierung im großen" die Ausnutzung der Vorteile bereits in der Analysephase. Programmiersprachenobjekte besit-zen nur eine kurze Lebensdauer; sie können nicht unter der Voraussetzung gespeichert werden, daß sie bei einem erneuten Programmstart mit der selben Objektreferenz geladen werden können. Des weiteren sind diese Objekte au-ßerhalb ihrer Prozeßgrenzen nicht sichtbar, was zur Folge hat, daß die Vorteile der objektorientierten Programmiersprachen sich nur während der Implemen-tierungsphase auswirken. Das Konzept der Geschäftsobjekte verbessert folg-lich durch die direkte Repräsentation realer Entitäten aus der betrieblichen Diskurswelt die Systemarchitektur (vgl. Rösch (1995a), S. 70-73).

Das Potential der Businessobjekte besteht auch für HERTEL in der Entwicklung wartbarer und erweiterbarer Anwendungen, wobei bei der Implementierung folgendes festzulegen ist: Ein Businessobjekt besteht aus einer Klassendefini-tion, welche die Struktur und das Verhalten ihrer Instanzen beschreibt, sowie die Menge aller Instanzen dieser Klasse in einem definierten Netzwerk, womit ein Verlassen des definierten Wirkungsbereichs eines Businessobjekts verhin-dert wird.

Vergleicht man die Entwicklung der Objekttechnolgie und der Integrations-plattformen, so läßt sich durchaus folgern, daß die Middleware als Attraktor für die Idee der Geschäftsobjekte dient. Insbesondere scheint eine enge Ver-bindung zur CORBA-Technologie zu bestehen, denn auch die OMG beschäftigt sich in Business Object Domain Task Force (BODTF) intensiv mit der Definition wiederverwendbarer Geschäftsobjekte.[26]

Eine wichtige Eigenschaft ist die unkomplizierte Integration programmiersprachenunabhängiger Komponenten. In Punkt 4.5.4 haben wir gesehen, daß die CORBA-Technologie diesbezüglich das größte Potential besitzt und werden nun diverse Ansätze zur Verwendung von Businessobjekten analysieren.

5.2 Proprietäre Ansätze

Durch den Boom der Objekttechnologie motiviert, entwickelt(e) eine Vielzahl von Softwarehäusern Produkte, welche mit Hilfe des Schlagwortes Businessobjekte vermarktet werden. Das Spektrum reicht von objektorientierten Frameworks über Standardsoftwaresysteme bis zu Unternehmen, die bereits im Firmennamen einen Bezug zu Geschäftsobjekten assoziieren wollen.[27] Wir stellen in diesem Kapitel diverse Konzepte vor, welche nach meiner Ansicht exemplarisch für den derzeitigen Entwicklungsstand dieses Architekturkonzeptes sind. Nach jeder Beschreibung folgt eine kurze Stellungnahme, in wieweit die grundlegenden Ideen von Businessobjekten realisiert wurden.

5.2.1 SSA: Cooperative Business Objects

Das Konzept der 'Cooperative Business Objects (CBOs)' wurde von dem ehemaligen IBM-Mitarbeiter O. SIMS mitentwickelt, welcher derzeit der Abteilung Objekttechnologie der Firma System Software Associates, Inc., angehört.

5.2.1.1 Definition eines CBO's

Nach Sims besitzt ein CBO die folgenden Eigenschaften, die unbedingt in ihrer Gesamtheit erfüllt sein müssen (vgl. Sims (1994), S. 277-292):

---

[26]Wir werden uns später ausführlich auf diesen Ansatz eingehen.

[27]Das in Frankreich ansässige Softwarehaus Business Objects verdeutlicht diesen Trend.

Objektorientierung

Ein CBO hat die Gestalt eines Objektes im Sinne der Objektorientierung, im einzelnen zeichnen sich die Eigenschaften eines CBO's wie folgt aus:

1. Die Daten sowie die entsprechenden Methoden sind gekapselt.
2. Die Kommunikation vollzieht sich mittels Senden und Empfangen von Nachrichten.
3. Der Aufruf eines CBO's erfolgt i.d.R. von einem anderen CBO, welches eine Nachricht sendet.
4. Es existieren i.a. mehrere Instanzen zu einer Klasse, sowie jeweils Methoden und Daten für Klasse und jeder von ihr erzeugten Instanz.
5. Die Erzeugung neuer Instanzen erfolgt automatisch von der CBO-Infrastruktur.

Ausführbares Endprodukt

Ein CBO entspricht einer traditionellen Softwareapplikation im Sinne eines ausführbaren Endproduktes, besitzt jedoch die Eigenschaft, daß i.a. erst die Kombination mehrerer CBOs ein Informationssystem im herkömmlichen Sinn bilden.

Unabhängigkeit

Um eine Integration einzelner CBOs zu einem Softwaresystem zu ermöglichen, ist eine maximale Unabhängigkeit notwendig, welche sich in unterschiedlichen Aspekten äußert:

1. Es ist völlig unerheblich, in welcher Programmiersprache das Geschäftsobjekt implementiert wurde, sogar prozedurale Sprachen dürfen verwendet werden.
2. Die CBOs werden erst zur Laufzeit gebunden und sind schwach gekoppelt (loose binding).
3. Aufgrund der unabhängigen Entwicklung benötigt ein CBOs keine Informationen über die Headerdateien, IDL-Definitionen etc. der kooperierenden Businessobjekte.

Einfachheit in der Entwicklung und Integration

Aufgrund graphischer Benutzeroberflächen soll es einen Anwender mit durchschnittlichen DV-Kenntnissen möglich sein, in relativ kurzer Zeit Applikationen auf der Basis von Geschäftsobjekten zu implementieren.

Persistenz

Aufgrund ihrer Langlebigkeit müssen die Geschäftsobjekte in Datenbanken persistent gespeichert werden, um von dort ggf. wieder durch einen Nachrichtenaufruf aktiviert zu werden. Ein Framework zur Entwicklung von CBOs muß eine 'Persistence Database' (PDB) zur Verfügung stellen, wobei ein CBO seine eigenen Speicher- und Ladeoperationen definieren kann. Des weiteren zerstört ein automatischer Garbage-Collection-Mechanismus Geschäftsobjekte endgültig.

5.2.1.2 Bewertung

Dieser Ansatz berücksichtigt in erster Linie die Interoperabilität der Businessobjekte, wobei ein zusätzlicher Schwerpunkt auf die Einbindung graphischer Benutzeroberflächen gelegt wird. Als nachteilig ist die fehlende Bezugnahme auf den Entwicklungsprozeß zu bewerten, insb. erfolgt keine Beschreibung bzgl. einer einheitlichen Sichtweise auf das Geschäftsmodell bzw. Softwaremodell. Das Unternehmen reichte bei der BODTF einen Vorschlag (OMG Document bom/97-01-05) für ein Framework ein, welches auf den oben vorgestellten Ideen basiert.

5.2.2 Enterprise Engines: Convergent Engineering

D. TAYLOR, Gründer und Präsident des Unternehmens Enterprise Engines, Inc., prägte den Begriff Convergent Engineering, welche die flexible Entwicklung betrieblicher Informationssysteme zum Ziel hat.

5.2.2.1 Idee

Die Mängel der konventionellen Entwicklung betrieblicher Informationssysteme sind laut TAYLOR in der getrennten Modellierung der Geschäftsprozesse und des Softwaresystems begründet. Die in Abbildung 6 dargestellte Vorgehensweise verdeutlicht, daß nach der Anforderungsanalyse der Entwicklungsprozeß ohne Berücksichtigung auf Veränderungen der betrieblichen Diskurswelt erfolgt.

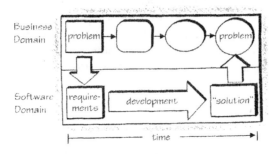

Abbildung 6: Konventionelle Softwareentwicklung[28]

Eine Verbesserung verspricht ein adaptives Vorgehen, in welchem Änderungen im Geschäftsmodell direkt in die Softwareentwicklung einfließen (vgl. Abb. 7).

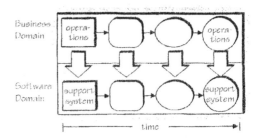

Abbildung 7: Adaptive Softwareentwicklung[29]

Taylor bezeichnet diese neue Vorgehensweise als Convergent Engineering, welches folgende Aufgabe erfüllt:

„The solution to this problem is to engineer the business and its supporting software as a single, integrated system. In convergent engineering, the business design is implemented directly in software with an absolute minimum of translation or restatement. In effect, the two designs become two different fa-

---

[28]Übernommen aus: Taylor (1995), S. 8.
[29]Übernommen aus: Taylor (1995), S. 8.

cets of the same system, with the business demands serving as the driving force. This merging is the essence of convergent engineering." (Taylor (1995), S. 10-11 (unterstrichene Wörter im Original kursiv))

Die Vorteile sieht TAYLOR in der Vereinfachung des Entwicklungsprozesses, da aufgrund der Verwendung eines einzigen Modells geänderte Anforderungen direkt im Softwaresystem berücksichtigt werden können (vgl. Taylor (1995), S. 7-11).

5.2.2.2 Evolutionary Foundation Architecture

Jedes System kann in eine geschäftliche sowie in eine technische Sicht zerlegt werden, welche in der Evolutionary Foundation Architecture (EFA) beschrieben werden (vgl. Abb. 8). Über einen Zeitraum werden generische, wiederverwendbare Konzepte unterschiedlicher Branchen gesammelt, um somit eine Basis zur Modellierung betrieblicher Informationssysteme zu besitzen. Das Geschäftsmodell basiert auf TAYLOR'S Framework zur Abstraktion betrieblicher Entitäten, wobei das technische Modell Komponenten beschreibt, die sich zu Softwaresystemen zusammensetzen lassen.

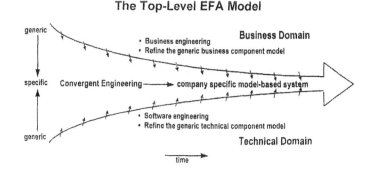

Abbildung 8: Top Level EFA Model[30]

---

[30] Übernommen aus: Hubert (1996), S. 83.

5.2.2.3 Bewertung

Die Vorteile des Verfahren Convergent Engineering liegen in der Beschreibung eines leistungsfähigen Modellierungsansatzes, welches semantische Brüche als Folge der Verwendung unterschiedlicher Modelle eliminiert. Zusätzlich ist die eher anwendungsorientierte Sichtweise positiv zu bemerken, welche sich auch in einer konkreten Beschreibung eines Frameworkkonzeptes[31] widerspiegelt.

5.2.3 SAP: System R/3

Die im badischen Walldorf ansässige SAP AG repräsentiert heute den Marktführer in der Entwicklung betriebswirtschaftlicher Standardsoftware. Das für die Großrechnerarchitektur entwickelte System R/2 wird zur Zeit durch das System R/3 abgelöst, welches Client/Server-Systeme realisiert und verstärkt für mittelständische Unternehmen angeboten wird.

5.2.3.1 Business Objects

Die von SAP entwickelten Geschäftsobjekte beschreiben Gegenstände und Konzepte aus der betrieblichen Diskurswelt, deren Methodenzugriff durch das Business Application Programming Interfaces (BAPIs) erfolgt. Der Aufbau (s. Abb. 9) ist in vier Schichten unterteilt, welche folgende Funktionalitäten besitzen (vgl. SAP AG (1996), S. 6):

1. Business Object Kernel: Kern des Businessobjekts
2. Integrity: Geschäftsregeln bzw. Integritätssicherung
3. Interface: Methoden, Attribute und Ereignisse
4. Access: Zugriff mittels COM/DCOM bzw. CORBA

---

[31]Das Framework wird in Taylor (1995), S. 105-124 beschrieben.

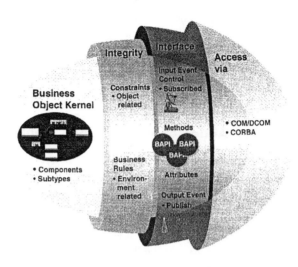

Abbildung 9: SAP Business Object[32]

5.2.3.2 Bewertung

Ungeachtet des derzeitigen Markterfolges der SAP-Produkte existieren mitunter gravierende Mängel in den einzelnen Komponenten. Ein gewichtiger Nachteil ist die Softwarearchitektur des Systems, welche nur unwesentlich verändert vom Vorgänger übernommen wurde. Die Systemkonfiguration gemäß der Kundenwünsche (Customizing) wird mittels eines umfangreichen Tabellenwerkes[33] erreicht. Wenn dieses Vorgehen nicht ausreicht, steht eine proprietäre Sprache der vierten Generation (ABAP/4) zur Verfügung. Das Customizing, welches i.d.R. mittels spezialisierter Beratungsunternehmen durchgeführt wird, bedingt folglich die genaue Kenntnis der einzelnen Tabellenfunktionen und stellt einen nicht zu unterschätzenden Kostenfaktor dar (vgl. Holzer (1996), S. 68-69).

---

[32] Übernommen aus: SAP AG (1996), S. 6.
[33] Ungefähr 3.000 Tabellen mit 500.000 Feldern.

Um die Softwareentwicklung zu vereinfachen, verwendet die SAP AG verstärkt objektorientierte Konzepte, wobei die Definition von Businessobjekten wohl eher ein Marketinginstrument darstellt. Positiv zu vermerken ist, daß die Integration durch die Unterstützung von (D)COM und CORBA berücksichtigt wird und somit eine Interoperabilität ermöglicht wird.

5.2.4 Andersen Consulting: Eagle Architecture Specification

Die Eagle Architecture Specification (EAS) ist eine Sammlung von Frameworks und Entwurfsmustern, welche die Entwicklung skalierbarer und flexibler Informationssysteme als Ziel verfolgt. Insbesondere werden zwei Aspekte als vordergründig betrachtet. Zum einen ermöglicht EAS die Wiederverwendung einzelner Komponenten, um diese zu einem betrieblichen Informationssystem zu integrieren, zum anderen wird die Architektur gemäß des objektorientierten Paradigmas entwickelt (vgl. Andersen Consulting (1996)).

5.2.4.1 Eigenschaften

Die zentralen Eigenschaften der Spezifikation benennt Andersen Consulting wie folgt:

- Offen: Aufgrund der Sprachenunabhängigkeit können die Systeme beliebig erweitert werden.
- Flexibel: Die EAS beschreibt, ähnlich CORBA, eine Spezifikation und gibt aus diesem Grund keine Implementierungsvorschrift vor.
- Erweiterbar: Es können weitere Frameworks zu EAS hinzugefügt werden.
- Abrufbar: Die EAS wird im World Wide Web (WWW) publiziert.

Als Integrationsplattform für die EAS entschied sich Andersen Consulting für die CORBA-Technologie sowie für das Unified Modeling Language Metamodel, während die Syntax mit Java bzw. IDL beschrieben wird.

5.2.4.2 Entwicklung von Komponenten

Unter der Bezeichnung 'Frameworks for Building Components' sind fünf spezialisierte Frameworks zusammengefaßt, welche dem Entwickler bei der Erstellung und Abgrenzung der einzelnen Bausteine unterstützen:

- Integrated Perfomance Support (IPS)
- User Interface Control
- Activity Control
- Business Class Modeling/Persistence
- Component Interface

5.2.4.3 Integration von Komponenten

Zur Integration der einzelnen Bausteine verwendet Andersen Consulting 'Frameworks for Integrating Components'. Dieses dienen zusätzlich dem Performance Tuning der verwendeten Netzwerke und teilen sich in zwei Frameworks auf:

- Workflow Facility
- Core Component Integration Services

5.2.4.4 Bewertung

Die Idee und Umsetzung von EAS scheint ein erfolgversprechender Ansatz zu sein, weil das Konzept auf der Basis bereits durchgeführter Projekte entwickelt wurde und somit auf Erfahrungswerten aufbaut. Des weiteren überzeugt die Tatsache, daß mit einer Spezifikation gearbeitet wird, welche dem Anwender erprobte Konzepte bereitstellt, ihn jedoch in der Umsetzung nicht unnötig einschränkt. Die Einbeziehung neuester Technologien, wie CORBA, ActiveX, Unified Modeling Language etc., runden den positiven Eindruck ab.

5.3 Common Business Objects

Anhand ausgesuchter Beispiele aktueller Entwicklungen haben wir Eigenschaften und Kritikpunkte herstellerspezifischer Technologien kennengelernt, in diesem Abschnitt betrachten wir den Ansatz der OMG zur Definition herstellerunabhängiger Geschäftsobjekte. Die grundlegende Vision ist ein allgemeingültiger Standard wiederverwendbarer Businessobjekte, basierend auf den Komponenten der Object Management Architecture.

5.3.1 Business Object Management Domain Task Force

Für die Standardisierung wiederverwendbarer Geschäftsobjekte ist die Business Object Management Domain Task Force zuständig, deren Vorsitz z.Z. C. CASANAVE von Data Access Technologies innehat. Im Januar 1994 als Business Object Management Special Interest Group (BOMSIG) gegründet und im Juni 1996 in eine Domain Task Force umgewandelt, verfolgt die aus DV-Fachleuten zusammengesetzte BODTF das Ziel, auf der Basis der existierenden CORBA-Spezifikationen herstellerübergreifende Geschäftsobjekte zu spezifizieren. Die Anforderungen bestehen einerseits aus der Interoperabilität der einzelnen Businessobjekte, andererseits soll deren Entwicklung sich so einfach wie möglich gestalten. Ein entsprechender Request for Proposal behandelt zwei Punkte, die Common Business Objects (CBOs) [34] sowie eine Infrastruktur, die Business Object Facility (BOF).

5.3.1.1 Standardisierungsprozeß

Von der Veröffentlichung bis zur Annahme einer Spezifikation werden i.a. vier Phasen (Letter of Intent, Submissions, Revised Submissions, Specification Selection) durchlaufen, die nachfolgend am Beispiel des Common Facilities RFP-4 [35] vorgestellt werden. Bis zum 15. August 1996 konnten Letters of Intent (LOI) der OMG übersendet werden, welche das Feedback der industriellen Mitarbeit widerspiegeln. Frühestens 60 Tage nach diesem Zeitpunkt folgte die Deadline für die einzelnen Vorschläge, im konkreten Fall war dies der 17. Ja-

---

[34]Diese sind nicht zu verwechseln mit den Cooperative Business Objects (CBOs).

[35]Dieser RFP wurde aufgrund der Reorganisation der OMG zum BODTF RFP-1.

nuar.[36] Die Common Facilities Task Force bewertet die eingesandten Vorschläge und gibt der Industrie drei Monate Zeit, die Spezifikationen zu überarbeiten und ggf. zu kombinieren, welche bis zum 15. März 1997 bei der OMG eingegangen sein müssen. Im Mai 1997 wird die Common Facilities Task Force die geeignetsten Spezifikationen dem Technical Committee vorschlagen, der über diese abstimmen wird. Den Abschluß bildet der Auswahlprozeß des Board's of Directors (BOD) im selben Monat. Bis zum 28. Januar 1997 hat die OMG die Vorschläge folgender Unternehmen veröffentlicht (vgl. OMG Document cf/96-01-04, S. 39-40, sowie OMG BODTF (1997), S. 1 und S. 4):

Unternehmen	Dokument	Datum[37]
NIIIP	bom/97-01-04	
TRC	cf/97-01-02	
Data Access Technologies, Sematech, Prism Technologies und IONA Techno logies	bom/97-01-02, bom/97-01-03	9. Januar 1997
EDS	bom/97-01-07	15. Januar 1997
SSA	bom/97-01-05	15. Januar 1997
Genesis/Visigenic	bom/97-01-08	17. Januar 1997
IBM	bom/97-01-11	17. Januar 1997
IBM/Oracle	bom/97-01-12	17. Januar 1997

5.3.1.2 Zielsetzungen des Common Facilities RFP-4

Um die Vision einer effizienten Entwicklung flexibler Informationssysteme realisieren zu können, bittet die BODTF um Vorschläge für zwei Komponenten. Die als Common Business Objects bezeichneten Geschäftsobjekte repräsen-

---

[36]Diese Deadline wurde vom 15. Oktober verschoben.

[37]Für NIIIP und TRC wurde kein Datum angegeben.

tieren die Semantik allgemeingültiger Elemente aus der betrieblichen Diskurswelt, wie bspw. Kunde, Rechnung, Lager etc.. Zur Integration der CBOs wird die Business Object Facility verwendet, welche Dienste zur Verwaltung bzw. Interaktion der Businessobjekte bereitstellt.

Die OMG verfolgt mit der Standardisierung von Geschäftsobjekten zwei grundlegende Ziele. Das erste ist die Interoperabilität von CBOs sowohl während der Entwurfsphase als auch zur Laufzeit. Diese Forderung impliziert eine weitreichende Definition eines Geschäftsobjekts, welches die Gestalt eines Design Patterns, eines Templates, eines Modells, sowie natürlich auch eines lauffähigen Binärobjektes annehmen kann. Das letztgenannte muß zusätzlich der Forderung nach einer unkomplizierten Integration genügen, so daß CBOs unterschiedlicher Hersteller zu einem lauffähigen System integriert werden können. Die zweite Zielsetzung ist die einfache Erstellung der CBOs, so daß selbst komplexe Anwendungssysteme nicht mehr von Softwarespezialisten entwickelt werden müssen, sondern auch von Anwendern mit durchschnittlichen Kenntnissen (vgl. OMG Document cf/96-01-04, S. 2-6).

Geschäftsobjekte können in Abhängigkeit von ihrer Semantik unterschiedlich standardisiert werden und lassen sich folgendermaßen differenzieren: Die höchste Semantik liefern die Enterprise Specific Business Objects, da sie an die speziellen Bedürfnisse eines einzelnen Unternehmens angepaßt sind und aus diesem Grund nicht standardisiert werden können. Branchenspezifische Businessobjekte besitzen ein höheres Potential an Wiederverwendung, welches durch die Entwicklung von Referenzmodellen für konkrete Anwendungsbereiche ermöglicht wird. In diese Kategorie fallen u.a. die Financial Business Objects bzw. die Manufacturing Business Objects, deren Standardisierung durch Special Interest Groups vollzogen wird (vgl. Abb. 10).

5.4 Anforderungskatalog

Aufgrund einer derzeit fehlenden Standardisierung für wiederverwendbare Geschäftsobjekte definieren wir im folgenden Eigenschaften bzgl. Aufbau und Leistungsumfang, um anhand dieser Basis die Eignung der CORBA-Technologie zu bewerten.

5.4.1 Vision

Um eine Vorstellung bzgl. des erhofften Leistungspotentials eines Frameworks für Businessobjekte zu erhalten, beschreiben wir in einem (sehr optimistischen) Szenario kurz die Phasen der zukünftigen Entwicklung betrieblicher Informationssysteme:

Ausgehend von den einzelnen Use Cases entwickelt der Systemarchitekt ein Objektmodell, welches das gesamte betriebliche Informationssystem beschreibt. In Anlehnung an Abbildung 10 werden die einzelnen Klassen diversen Anwendungsbereichen (bspw. Finanzen, Transport, Fertigung etc.) zugeordnet, und mittels Frameworks werden entsprechende Anwendungen erstellt. Aufgrund standardisierter Spezifikationen[39] kann der Systementwickler unter diversen Frameworks das günstigste auswählen. Das Erzeugen der einzelnen Geschäftsobjekte erfordert keinen erfahrenen Programmierer mehr, sondern erfolgt mittels einer graphischen Entwicklungsumgebung durch einen Anwender mit durchschnittlichen DV-Kenntnissen.

5.4.2 Schichtenmodell

Ein betriebliches Informationssystem läßt sich grob in vier Ebenen untergliedern, welche unterschiedliche Schichten darstellen. Die oberste beschreibt die einzelnen Geschäftsprozesse, welche mehrere Arbeitsschritte durchlaufen und deren Koordination durch das Workflow-Management realisiert wird. Jede Aktion verwendet i.d.R. unterschiedliche Objektaufrufe, wobei potentielle Inkonsistenzen mittels Transaktionsverwaltung ausgeschlossen werden. Die unterste Schicht behandelt die zur Realisierung notwendigen Objektaufrufe (vgl.

---

[39] Namentlich Common Business Objects, Financial Business Objects etc. sowie der Business Objects Facility als Infrastruktur.

Abb. 11). Dieses Modell erweitern wir für unsere Untersuchung um Sicherheitskonzepte sowie um Präsentationskomponenten zur graphischen Darstellung der Geschäftsobjekte.

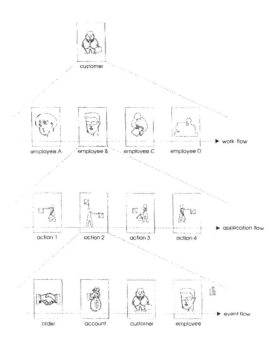

Abbildung 11: Schichtenmodell eines Informationssystems[40]

5.4.3 Interoperabilität

Der RFP-4 verlangt die Interoperabilität auf einer hohen semantischen Ebene
als zentrale Eigenschaft der Common Business Objects. Die Vision beschreibt
den Einsatz marktkäuflicher Komponenten, welche mittels einer Integrations-

---

[40]Übernommen aus: Prins (1996), S. 5.

plattform zu einem betrieblichen Informationssystem zusammengesetzt werden können.

5.4.4 Interaktion der Geschäftsobjekte

Die unterste Ebene des Schichtenmodells beschreibt die Kommunikation der einzelnen Geschäftsobjekte. Wir differenzieren in unserer Analyse Dienste bzgl. des Lebenszyklus' sowie Techniken zur Kommunikation der einzelnen Objekte.

5.4.4.1 Erzeugen und Verwalten

In diese Kategorie fallen die folgenden Anforderungen an Dienste, welche die CORBA-Architektur bereitstellen sollte:

- Erzeugen, Kopieren, Verschieben und Löschen von Geschäftsobjekten
- persistente Objektspeicherung
- Definition von Beziehungen zwischen Geschäftsobjekten

5.4.4.2 Kommunikation

Verteilte Objektsysteme erfordern diverse Strategien zum Auffinden einzelner Objekte, des weiteren darf die Benutzung von Geschäftsobjekten nur unter bestimmten Bedingungen erlaubt werden, so daß wir folgenden Eigenschaften berücksichtigen wollen:

- asynchrone Kommunikation
- Lizensierung von Diensten
- Suchen nach Diensten

5.4.5 Transaktionsverwaltung

Eine Transaktion ist eine Sequenz verteilter Objektaufrufe, welche als eine Einheit ausgeführt werden muß, um keine Inkonsistenzen zu erzeugen. Wir untersuchen, inwieweit die CORBA-Technologie einen geeigneten Transaktionsmechanismus bereitstellt.

5.4.6 Workflow-Management

Die zweithöchste Abstraktionsebene im Schichtenmodell beschreibt die Koordination der Abläufe zur Durchführung eines Geschäftsprozesses. Ein Kundenauftrag durchläuft i.d.R. den Aufgabenbereich unterschiedlicher Sachbearbeiter (Lagerverwaltung, Fakturierung, Transportwesen etc.), wobei ein Workflow-Managementsystem zur der Steuerung dieser Vorgänge dient.

5.4.7 Geschäftsmodellierung

Die zentrale Voraussetzung für die Standardisierung wiederverwendbarer Geschäftsobjekte ist die Existenz branchenspezifischer semantischer Referenzsysteme, welche idealerweise in der Gestalt von Objektmodellen vorliegen. Laut BRODIE sind für den Standardisierungsprozeß dieser CORBAdomainmodels die entsprechenden Domain Task Forces verantwortlich, indem sie Schnittstellendefinitionen für die einzelnen Geschäftsobjekte bereitstellen (vgl. Brodie (1995), S. 10). Wir stellen an ein semantisches Referenzsystem folgende Anforderungen:

- Es besitzt die Gestalt eines standardisierten Objektmodells (evtl. mit IDL-Schnittstellen).
- Idealerweise wurde dieser Standard durch ein Gremium[41] mit internationalem Stellwert (z.B. ISO) definiert.
- Das Modell ist soweit generalisiert, daß es im hohen Maße wiederverwendet werden kann.

5.4.8 Sicherheitsanforderungen

Ein wichtiger Aspekt, welcher die Akzeptanz verteilter Geschäftsobjekte nachhaltig beeinflussen wird, ist die Bereitstellung umfangreicher Sicherheitskonzepte. Diese Anforderung besitzt insb. im Hinblick auf die Verwendung des Internets eine zentrale Bedeutung, wobei sich folgende Dienste hervorheben:

- Identifizierung und Authentifizierung

---

[41] Dieses können naürlich die entsprechenden Domain Task Forces der OMG sein, jedoch können die Referenzsysteme auch anderweitig festgeschrieben werden.

- Autorisierung für Objektdienste
- Zugriffskontrolle für Geschäftsobjekte bzw. deren Dienste
- Auditing (welcher Dienste hat ein Prinzipal in Anspruch genommen)
- Non-Repudiation (das Versenden einer Nachricht an ein Geschäftsobjekt kann nicht bestritten werden)

5.4.9 Präsentation

Graphische Benutzeroberflächen sind, zumindest im Desktop-Bereich, nicht mehr wegzudenken, weshalb Geschäftsobjekte im Front-End-Bereich in dieser Form repräsentiert werden. Ein Benutzer stellt i.d.R. folgende Anforderungen:

- Benutzeroberfläche mit Fenstertechnik
- Containerobjekte
- Drag-and-Drop-Technik
- Aufruf der entsprechenden Applikation mittels Aktivierung[42] eines Geschäftsobjekts-Icons

---

[42] Erfolgt i.d.R. durch einen Doppelklick mit der linken Maustaste.

6 Die CORBA-Technologie als Integrationsbasis wiederverwendbarer Geschäftsobjekte

Während wir im vierten Kapitel das Potential der CORBA-Technologie bzgl. der Integration wiederverwendbarer Komponenten beschrieben haben, entwickelten wir im fünften Kapitel einen Anforderungskatalog für wiederverwendbare Businessobjekte, welche syntaktische und semantische Interoperabilität besitzen. Wir vertiefen nun die Analyse der Common Object Request Broker Architecture, wobei wir insb. Aspekte für den Einsatz von Geschäftsobjekten fokussieren.

6.1 Objektmodelle

Objektsysteme benötigen zur Bildung einer einheitlichen Terminologie eine eindeutige Defintion von Syntax und Semantik, wobei abhängig vom Anwendungszweck abstrakte und konkrete Objektmodelle differenziert werden. Die Basis aller Spezifikationen der OMG bildet das abstrakte Core Object Model (s. Abb. 12), welches von der Object Model Task Force (OMTF) definiert wurde. Das Ziel ist die Beschreibung einer Semantik bzgl. allgemeiner Objekteigenschaften, die für jede Technologie der OMG gültig sind. Die Erweiterung zu anwendungsspezifischen Objektmodellen erfolgt durch die Entwicklung von Components zur Ergänzung des Core Object Models, ohne dessen Elemente zu ersetzen, zu duplizieren oder zu entfernen. Die zusätzlichen Definitionen der auch als Extensions bezeichneten Components sind minimal und gegenseitig orthogonal, ihre Beziehung untereinander sowie zum Core Object Model wird durch die Component Relationship ausgedrückt. Zur Bildung einer Spezifikation (z.B. CORBA) oder für eine Architektur werden Profiles erstellt, welche das Core Object Model und ein oder mehrere Components kombinieren und den Regeln der Profile Construction Relationship genügen (vgl. Ben-Nathan (1995), S. 18-20, sowie OMG Document 95-03-22, S. 1-2).

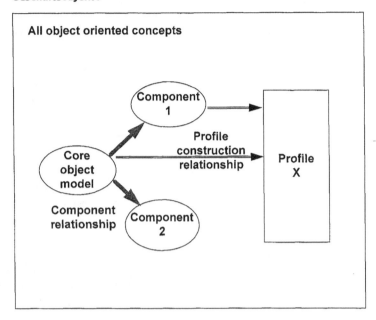

Abbildung 12: Objektmodelle[1]

6.1.1 Core Object Model

Das Core Object Model wurde erstmalig 1992 entworfen und definiert auf abstrakte Weise die allgemeine Semantik von Objektmodellen. Die Grundidee beschreibt Objekte als Instanzen von Typen, deren Schnittstelle durch die Menge der Operationen definiert wird (vgl. Ben-Nathan (1995), S. 21-24, sowie OMG Document 92-09-02, S. 8-15).

6.1.1.1 Objekte

Ein Objekt beschreibt eine Entität oder ein Abstraktum aus der realen Welt, indem es dessen Zustand und Verhalten kapselt. Ein wichtiges Kennzeichen ist die eindeutige Identität jedes Objektes, die es während seiner gesamten Lebensdauer behält, währenddessen es seinen Zustand beliebig ändern kann.

---

[1]Übernommen aus: OMG Document 95-03-22, S. 1.

Zur Referenzierung eines Objektes dient der Object Identifier (OID), über dessen Implementierung im Core Object Model keine Aussage getroffen wird. Die Menge aller OIDs wird mit Obj bezeichnet, jedoch ist der Vergleich von Objektreferenzen ist dieser Stelle nicht vorgesehen.

6.1.1.2 Typen

Jedes Objekt ist eine Instanz eines Typen, der mittels seiner Schnittstelle das Verhalten des Objektes bestimmt. Eine Typhierarchie ermöglicht eine Subtyp/Supertyp-Beziehung und bildet einen azyklischen Graphen, dessen Wurzel den Typ Object besitzt. Aufgrund der Vererbung von Operationen wird die Schnittstelle eines Typen ggf. um die Signaturen von Supertypen ergänzt. Im Gegensatz zu den Objekttypen, die zusammen die Menge OTypes bilden, besitzt das Core Object Model sog. non-object Typen zur Beschreibung von Entitäten, die kein Subtyp von Object sind. Die Menge aller non-object Typen kennzeichnen wir mit Ntypes, die entsprechenden Instanzen mit Nobj, welche in Vereinigung mit den Objekten Obj die Menge aller referenzierbaren Werte Dval (denotable values) bildet.

6.1.1.3 Operationen

Der Zustand von Objekten kann durch Operationen geändert werden, die hierfür vom Objekt selbst oder von anderen aufgerufen werden. Die Signatur einer Operation besteht aus einem Namen, einer Parametermenge sowie einer Ergebnismenge zur Rückgabe an das aufrufende Objekt. Eine Operation wird mit einem Kontrollparameter verbunden, der das aufrufende Objekt beschreibt, das Core Object Model unterstützt nicht die Verwendung mehrfacher Kontrollparameter. Eine weitere Einschränkung ist die fehlende Möglichkeit zum Überladen von Namen.

6.1.1.4 Subtyping und Vererbung

Im Gegensatz zu anderen Modellen differenziert das Core Object Model die beiden Konzepte Subtyping und Vererbung. Das erste beschreibt eine Beziehung zwischen zwei Objekten und gewährleistet, daß das als Subtyp fungierende Objekt immer auch ein Objekt der Oberklasse(n) ist, wobei das Core Object Model auch mehrfache Subtypenbeziehungen erlaubt. Die Vererbung erlaubt hingegen die Modifikation der Methoden, so daß ein Objekt i.a. keine

Instanz mehr seiner Oberklasse(n) ist, was jedoch die Flexibilität der Spezialisierung erhöht (vgl. Ben-Nathan (1995), S. 24, sowie Frank (1994), S. 173).

6.1.2 CORBA Objektmodell

Allgemein läßt sich feststellen, daß sich ein konkretes Objektmodell wie folgt
aus einem abstrakten entwickeln läßt:

- Es ist eine Spezialisierung des abstrakten Modells.
- Restriktionen beschränken das konkrete Modell auf bestimmte Eigenschaften.

Das CORBA Objektmodell beschreibt ein **Objekt** als eine identifizierbare, ver-
kapselte Entität, welche bestimmte Dienste zur Verfügung stellt. Eine Menge
von Objekten bildet ein Objektsystem. Ein **Request** ist ein Ereignis, mit dem
ein Client einen Dienst eines bestimmten Objektes in Anspruch nimmt. Der
Aufbau eines Request's besteht aus einer Operation, einem Zielobjekt, keinem
oder mehreren Parametern sowie einem optionalen Kontext. Ein aufrufbarer
Dienst eines Objekts wird als **Operation** bezeichnet, welcher durch einen
Operationsbezeichner identifiziert wird. Standardmäßig wird die **At-Most-
Once-Aufrufsemantik** verwendet, wobei alternativ die **Best-Effort-
Semantik** eingesetzt werden kann. Die Beschreibung aller Operationen, die
ein Client von einem Objekt anfordern darf, wird **Interface** des Objekts ge-
nannt. Es genügt dieser Schnittstelle, falls es jeden in ihr beschriebenen Request ausführen kann. Zur Gewährleistung einer einheitlichen Schnittstellen-
beschreibung wird die bereits erwähnt **Interface Definition Language** verwendet. Ein **Typ** faßt verschiedene Werte zu einer Menge zusammen, so daß
jeder Wert einem bestimmten Typen zugeordnet werden kann. Typen dienen
der Einschränkung bzw. der Charakterisierung von Parameterwerten in Signaturen. Die Extension eines Typen umschreibt alle potentiellen Werte,
während ein Objekttyp ausschließlich Objekte als Werte besitzt. Die Werteebe-
reich gliedern sich in Basistypen und zusammengesetzten Typen. Das zugrunde liegende Implementierungsmodell gliedert sich in zwei Komponenten, welche die Dienstanfragen der Clients realisiert. Das **Ausführungsmodell**
(Execution Model) definiert die Vorgehensweise zur Abarbeitung eines angeforderten Dienstes, welcher mittels einer Ausführung von Anweisungen zur
Manipulation von Daten durchgeführt wird, um ggf. den Systemzustand zu
ändern. Der Code wird als Methode bezeichnet und enthält eine unveränderli-

che Ausführungsbeschreibung, welche von einer abstrakten Maschine (Execution Engine) interpretiert wird. Das Attribut Methodenformat (Method Format) definiert die Menge aller Ausführungsmaschinen, die mittels der Methodenaktivierung (Method Activation) den Code ausführen können. Ein Request ruft die entsprechende Methode des Zielobjekts auf, wobei die Eingabeparameter auf die Methode übertragen werden und die Rückgabewerte dem Client zurückgeliefert werden. Eine Aktivierung (activation) ist notwendig, falls der Dienst persistent ist und zuerst in die abstrakte Maschine geladen werden muß. Das **Konstruktionsmodell** (construction model) behandelt Definitionen bzgl. der Objektzustände, Methodendefinitionen sowie Vorgehensweisen zur Auswahl gewünschter Dienste (vgl. Ben-Nathan (1995), S. 34-37).

6.2 Interoperabilität von Geschäftsobjekten

In diesem Abschnitt erläutern wir die Funktionsweise der CORBA-Technologie, indem wir zuerst die grundlegenden Kommunikationsmechanismen eines Object Request Broker's vorstellen. Weiterführend beschreiben wir den wichtigen CORBA 2.0-Standard und gehen auf die Interoperabilität bzgl. der im vierten Kapitel vorgestellten Integrationsplattformen ein.

6.2.1 Funktionsweise eines ORB's

Mit CORBA 1.2 stellte die OMG im Dezember 1991 erstmals die Spezifikation eines ORB's zur Kommunikation verteilter Objekte vor, welche die grundsätzliche Funktionsweise der statischen und dynamischen Schnittstellen definiert.

6.2.1.1 Aufbau eines Object Request Broker's

Der schematische Aufbau in Abbildung 13 veranschaulicht die potentiellen Möglichkeiten des Aufrufes eines Objektes (Client) an ein weiteres, welches den aufgerufenen Dienst implementiert (Object Implementation). Aus der Sicht des Client's bieten sich drei unterschiedliche Schnittstellen zum ORB an. Die **IDL Stubs** bilden die statische Schnittstelle und sind ihrer Gestalt abhängig vom jeweiligen Objekttyp. Sind die Objektschnittstellen zur Übersetzungszeit nicht bekannt, erfolgt ein dynamischer Aufruf durch das **Dynamic Invocation Interface (DII)**, welches in jeder ORB-Implementierung die gleiche Schnittstelle besitzt. Diese Eigenschaft besteht auch für das **ORB Interface**, das z.Z. nur wenige Operationen bereitstellt, auf die sowohl der Client als die Object Implementation direkt zugreifen können. Entsprechend den IDL Stubs bzw. dem Dynamic Invocation Interface erfolgt der Aufruf der **Object Implementation** über die **IDL Skeletons** oder das **Dynamic Skeleton Interface (DSI)**, welches in Gegensatz zu den anderen Schnittstellen erst in der Version 2.0 spezifiziert wurde.

Ein zentrale Stellung nimmt der **Object Adapter** ein, welcher die oberste Ebene der Kommunikationsdienste bildet und zur Verwaltung der Objektreferenzen, Aktivierung aufgerufener Objekte etc. dient. Die Tatsache, daß Objektaufrufe sowohl statischer als auch dynamischer Art den Object Adapter benutzen, erfordert die jeweils entsprechenden Schnittstellen zu den einzelnen IDL Skeletons und zum Dynamic Invocation Interface. Zusätzlich kann die Object Implementation direkt auf den Object Adapter zugreifen, wenn es für die Bearbeitung eines Aufrufs erforderlich ist. Die OMG erwartet, daß ein standardisierter **Basic Object Adapter (BOA)** für die meisten Anwendungssysteme ausreichen wird. Während dieser meist mit einer kleineren Anzahl von Objekten arbeitet, liegt der Aufgabenbereich der zweiten Adapter-Spezifikation der OMG, dem **Object-Oriented Database Adapter**, in der Verwaltung großer Objektmengen.

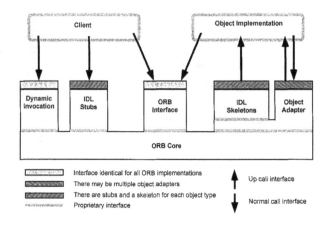

Abbildung 13: Schnittstellen eines Object Request Brokers[2]

6.2.1.2 Statischer Objektaufruf

Diese Art des Objektaufrufs verwendet die IDL Stubs auf der Client-Seite bzw. die IDL Skeletons zum Zugriff auf die Object Implementation, wobei die Definition der entsprechenden Klassen bereits zum Übersetzungszeitpunkt Voraussetzung ist. Der Aufrufaktionen sind mit dem DCE-RPC vergleichbar und haben folgenden schematischen Aufbau (s. Abb. 14):

---

[2]Hier fehlt das Dynamic Invocation Interface, da die Abbildung CORBA 1.2 beschreibt.

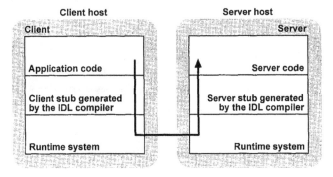

Abbildung 14: Statischer Aufruf[3]

6.2.1.3 Dynamischer Objektaufruf

Insbesondere für den Einsatz erweiterbarer Systeme mit einer langen Lebensdauer eignet sich die zweite Form eines Objektaufrufes mittels Dynamic Invocation Interface. Im Gegensatz zu der statischen Variante können hier Objekte aufgerufen werden, welche dem System erst nach der Übersetzungszeit hinzugefügt wurden. Hierbei ist es für die Object Implementation nicht erkennbar, ob der Aufruf auf statischem oder dynamischem Weg erfolgt ist.

6.2.2 CORBA 2.0

Waren in der ersten CORBA-Version nur Objekte innerhalb eines ORB's interoperabel, so ermöglicht der aktuelle Standard CORBA 2.0 die herstellerübergreifende Interoperabilität, welche laut CORBA 2.0 Interoperability & Initialization RFP folgende Eigenschaften besitzen muß (vgl. OMG Document 93-09-15, S. 19):

- Gewährleistung der Interoperabilität von ORBs unterschiedlicher Hersteller ohne Kenntnis der einzelnen Implementierungen,
- Unterstützung aller Funktionalitäten eines ORB's,

---

[3] Übernommen aus: Brando (1996), S. 1.

- Einhaltung ORB-spezifischer Information und Semantik über ORB-Grenzen hinweg.

Dieses Kapitel beschreibt die zugrunde liegenden Technologien, welche die domainübergreifende Interoperabilität von Geschäftsobjekten ermöglicht. Nach einer Einführung in die Interoperabilitätsarchitektur betrachten wir die Verwaltung der Objektreferenzen sowie die unterschiedlichen Protokolle.

6.2.2.1 Interoperabilitätsarchitektur

Die Interoperabilität benötigt eine entsprechende Architektur, die Konventionen zur Bildung und zur Kommunikation einzelner Verwaltungseinheiten sowie die Behandlung von Objektreferenzen beinhaltet. Nach einer Einführung in den Domainbegriff beschreiben wir diverse Kommunikationsverfahren sowie interoperable Objektreferenzen.

6.2.2.1.1 Domains

Zur Komplexitätsreduktion wird die Menge der beteiligten ORBs in einzelne Domains mit gemeinsamen Eigenschaften oder Regeln unterteilt, wie bspw. Management Domains, Naming Domains, Security Domains etc., wobei ein Objekt Mitglied mehrerer Domains sein kann, die sich zusätzlich überlappen können. Um Verwaltungseinheiten zur Unterstüzung der Interoperabilität zu definieren, eignen sich in Anlehnung an die Spezifikation der OMG u.a. folgende Domains (vgl. OMG CORBA 2.0, S. 10·5-10·6):

- Referencing Domain: Scope einer Objektreferenz
- Representation Domain: Scope eines Übertragungsprotokolls
- Security Domain: Bereich für bestimmte Sicherheitsanforderungen
- Transaction Domain: Scope eines gegebenen Transaktionsdienstes

6.2.2.1.2 General Inter-ORB Protocol

Das **General Inter-ORB Protocol (GIOP)** spezifiziert eine allgemeine Übertragungssyntax und Datenformate zur direkten Kommunikation mehrerer ORBs, wobei nur geringe Anforderungen an die Architektur gestellt werden. Das **Internet Inter-ORB Protocol (IIOP)** legt nun fest, wie GIOP-Nachrichten mittels TCP/IP-Verbindungen verwendet werden können und bildet somit einen Interoperabilitätsstandard für das Internet. Die Funktionsweise der beiden, für jede CORBA 2.0 Implementierung verbindlichen Protokolle, läßt sich mit dem Mapping einer Programmiersprache in die OMG IDL vergleichen, so daß neben dem Internet Inter-ORB Protocol noch weitere GIOP Mappings existieren können (vgl. OMG CORBA 2.0 (1995), S. 9-2-9-3).

6.2.2.1.3 DCE-Common Inter-ORB Protocol

Das Internet Inter-ORB Protocol stellt nicht immer die günstigste Alternative in einem verteilten System dar, so daß die CORBA-Spezifikation zusätzliche **Environment Specific Inter-ORB Protocols (ESIOP)** zuläßt. Ein Beispiel hierfür ist das DCE Common Inter-ORB Protocol (DCE-CIOP), das als Interoperabilitätsvorschlag von DEC, IBM und HP eingereicht wurde, sich aber aufgrund der hohen Anforderungen bzgl. Netzwerkdiensten gegenüber IIOP nicht durchsetzen konnte. Zur Kommunikation wird der DCE RPC verwendet, welcher eine verbindungslose sowie verbindungsorientierte Kommunikation ermöglicht (vgl. Wagner (1995), S. 53).

6.2.2.1.4 Bridging

Kommunizieren zwei ORBs nicht direkt miteinander, so wird das Bridging verwendet, welches den Einsatz von Hardware-Brücken vorsieht. Hierbei werden Vollbrücken und Halbbrücken differenziert, deren Einsatz von der Anzahl der verwendeten Protokolle abhängt. Eine Vollbrücke setzt das Protokoll des ersten ORB's direkt in das Protokoll des zweiten ORB's um, während zwei Halbbrücken die ORB-spezifischen Protokolle in ein allgemeines transformieren (vgl. Redlich (1996), S. 64-65).

6.2.2.1.5 Interoperable Objektreferenzen

Ein zentrales Problem ist die Verwaltung domainübergreifender Objektreferenzen, da die CORBA-Spezifikation nicht vorschreibt, wie sie zu implementieren sind. Aus diesem Grund ist wird die weltweite Eindeutigkeit von Objektreferenzen nicht garantiert, jedoch kann jeder Hersteller ein Verfahren implementieren, das diese Eigenschaft erfüllt, bspw. durch die Verwendung der Adresse der Netzwerkkarte in Verbindung mit der Systemzeit.

Eine interoperable Objektreferenz (Interoperable Object Reference, IOR) beschreibt eine Datenstruktur, welche ausschließlich zum domainübergreifenden Austausch von Objektreferenzen benötigt wird und aus einem objektspezifischen Protokoll und einer ID besteht.

6.2.3 Interoperabilität mit anderen Integrationsplattformen

Komplexe Informationssysteme auf der Basis von Geschäftsobjekten basieren u.U. auf mehreren Middleware-Plattformen, deren Interoperabilität auf einem hohen semantischen Level gewährleistet sein muß. Mit Bezugnahme auf die bereits vorgestellten Integrationstechnologien behandeln wir exemplarisch Ansätze zur Interoperabilität zwischen CORBA und COM bzw. zwischen CORBA und DCE.

6.2.3.1 CORBA-COM

Aufgrund der Vormachtstellung von Microsoft ist die Verbindung von CORBA mit COM von entscheidender Bedeutung, da COM aufgrund neuer Technologie (DCOM, ActiveX) zunehmend die Gunst der Entwickler erhält. Die Interoperabilität von CORBA und COM wird durch die OMG standardisiert, wobei der entsprechende Request for Proposal (orb/96-01-05) zweigeteilt ist. Das Mapping zwischen CORBA- und COM-Objekten ist die Zielsetzung von Teil A, während der zweite die Interoperabilität von DCOM- und CORBA-Systemen unterstützt. Die OMG hat den ersten Teil kürzlich standardisiert, das Produkt Orbix 2.1 von IONA unterstützt bereits die Interoperabilität von CORBA und COM (vgl. OMG (1996b), S. 3, sowie O.V. (1997), S. 10).

6.2.3.2 CORBA-DCE

Ein australisches Projektteam entwickelte unterschiedliche Bridges zur Interoperabilität von DCE- und CORBA-Anwendungen, welche sich wie folgt gestalten:

- Eine statische Brücke übersetzt die IDL-Spezifikationen und transformiert sie.
- On-demand Bridges stellen eine Erweiterung der statischen Brücken dar, indem sie eine Bridge Factory zur automatischen Codeerzeugung bereitstellen.
- Dynamische Brücken unterstützen zusätzlich auch Schnittstellen, die zur Übersetzungszeit noch nicht bekannt waren.

Auf dieser Basis wurde ein Prototyp erstellt, welcher durch Mapping der einzelnen IDL-Typen die Interoperabilität ermöglicht, wobei bspw. für die DCE-

Umgebung die Brücke als DCE-Client erscheint (vgl. Yang et al. (1996), S. 144-151).

6.2.4 Bewertung

Wie bereits erwähnt, besteht ein sehr großes Problem bzgl. der Realisierung einer weltweiten Interoperabilität, da die Implementierung der Objektreferenzen den einzelnen Herstellern überlassen bleibt. Die durch das Konzept der Businessobjekte notwendige weltweite Eindeutigkeit der Objektreferenzen ist nicht gewährleistet, so daß u.U. Inkonsistenzen entstehen können. Werden jedoch in einem abgegrenzten Bereich (Abteilung, Unternehmen, Konzern etc.) Konventionen bzgl. der Objektreferenzen festgelegt, so erfüllt die CORBA-Technologie die Anforderungen an die Interoperabilität.

6.3 Interaktion der Geschäftsobjekte

6.3.1 Erzeugen und Verwalten

Der Lebenslauf eines Geschäftsobjektes beginnt mit seiner Erzeugung und endet mit dem Löschen des Objektes. Zwischen diesen Aktionen werden entweder transiente oder persistente Zustände angenommen, ferner bestehen Beziehungen zwischen Geschäftsobjekten. In diesem Abschnitt stellen wir die entsprechenden CORBAservices vor, welche diese grundlegenden Eigenschaften realisieren können. Die zentrale Bedeutung wird auch durch die Tatsache verstärkt, daß alle Dienste in den ersten beiden Standardisierungsverfahren verabschiedet wurden.

6.3.2 Erzeugen

Die Schnittstelle zur Instanziierung von Geschäftsobjekten werden im **Object Lifecycle Service** beschrieben, dessen grundlegendes Entwurfsmuster die Factory Method im Entwurfsmusterkatalog von GAMMA et al. darstellt. Zur Erzeugung der einzelnen Instanzen werden sog. Factories benutzt, welche CORBA-Objekte darstellen, deren einzige Aufgabe die Erzeugung neuer Objekte ist. In der Regel existiert für jeden Objekttyp ein entsprechender Factory-Typ, welcher mittels einer FactoryFinder-Schnittstelle gefunden werden kann, wobei diverse Suchmechanismen (bspw. Naming Context, Drag-and-Drop, Trader) eingesetzt werden (vgl. OMG CORBAservices (1996), 6·1-6·62 sowie Emmerich et al. (1996), S. 48-49).

Eine Schnittstelle zur Instanziierung neuer Kundenobjekte könnte bspw. folgende Gestalt haben (vgl. OMG CORBAservices (1996), 6·4-6·5)

interface CustomerFactory {

    Customer create();

}

Zur späteren Identifikation werden die neu erzeugten Geschäftsobjekte mit Namen verbunden, so daß sie in einem speziellen Bereich (Naming Context) schnell lokalisiert werden können. Die Syntax für das Binden und Lösen von Namen zu Objekten gestaltet sich wie folgt (vgl. OMG CORBAservices (1996), S. 3·8-3·9):

void bind(in Name n, in Object obj)
    raises(NotFound, CannotProceed, InvalidName, AlreadyBound);

void resolve(in Name n)
    raises(NotFound, CannotProceed, InvalidName);

6.3.3 Kopieren und Verschieben

Aufgrund von Geschäftsvorfällen kann es notwendig sein, Geschäftsobjekte zu kopieren oder zu verschieben, wobei diese Aktionen wie folgt spezifiziert sind (vgl. OMG CORBAservices (1996), S. 6·11-6·12):

LifeCycleObject copy(in FactoryFinder there,
        in Criteria the_criteria)
    raises(NoFactory, NotCopyable, InvalidCriteria,
    CannotMeetCriteria);

void move(in FactoryFinder there,
        in Criteria the_criteria)
    raises(NoFactory, NotMovable, InvalidCriteria,
    CannotMeetCriteria);

6.3.4 Speichern

Im Gegensatz zu transienten Programmiersprachenobjekten verbinden wir mit Businessobjekten die Forderung, daß sowohl die Objektreferenz als auch die entsprechenden Attribute persistent gespeichert werden können. Die Persistenz der Objektreferenz wird bereits durch die Funktionalität des ORB's gewährleistet, die Sicherstellung des korrekten Objektzustandes fällt in den Verantwortungsbereich des **Persistent Object Service**, der folgende Komponenten verwendet:

Persistent Identifier (PID)

Der PID beschreibt eine oder mehrere Speicheradressen für ein persistentes Objekt, indem ein Bezeichner (String) generiert wird. Der Client erzeugt und verbindet den für die Persistenz obligatorische PID mit dem Objekt, wobei dieser Bezeichner nicht mit der CORBA Objektreferenz (OID) verwechselt werden darf. Sie unterscheiden sich, da die PID Daten, die OID hingegen ein CORBA Objekt referenzieren (vgl. CORBAservices (1996), S. 5·9).

Persistent Object (PO)

Das Akronym PO bezeichnet ein Objekt, dessen Clients sowie der Persistent Object Manager die Beziehungen zu seinen gespeicherten Daten verwalten. Die entsprechende Schnittstelle stellt zwei Relationen zur Verfügung: Eine Connection stellt eine enge Verbindung zwischen einem Persistent Object und seinem Datenspeicher dar; wird diese Beziehung gelöscht, so sind die Daten in Speicher und im Persistent Object gleich. Die Store/Restore-Beziehung beschreibt den Datentransport zwischen Persistent Object und Datenspeicher (vgl. CORBAservices (1996), S. 5·12).

Persistent Object Manager (POM)

An dieser Stelle wird eine einheitliche Schnittstelle für die Operationen bzgl. der Objektpersistenz definiert, wobei jedes Objekt einen Persistent Object Manager besitzt (vgl. CORBAservices (1996), S. 5·7).

Persistent Data Service (PDS)

Der Verantwortungsbereich des Persistent Data Service' liegt im Datentransfer zwischen Objekt und Daten auf der Basis eines Protokolls. Die Implementierung dieses Dienstes kann unter diversen Gesichtspunkten, wie bspw. Performanz, Robustheit, Speichereffizienz etc., erfolgen (vgl. CORBAservices (1996), S. 5·18).

6.3.5 Löschen

Ein Geschäftsobjekt wird gelöscht, falls die korrespondierende Entität aus der betrieblichen Diskurswelt für die weitere Zukunft keine Bedeutung mehr besitzt. Nach dem Ablauf der gesetzlichen Aufbewahrungsfrist können bspw. Rechnungen dem Reißwolf übergeben werden, die entsprechende Objekte sind dann zu löschen. Die anzuwendende Operation void remove() erzeugt eine Exception, falls das Objekt nicht gelöscht werden darf. Des weiteren sind Techniken zur Integritätssicherung notwendig; ein Löschen eines Objekts Rechnung darf nicht vor Ablauf der gesetzlichen Frist erfolgen. **Der Object Lifecycle Service** sichert die referentielle Integrität auf der Basis von Reference und Containment Relationships, zur Einhaltung von Geschäftsregeln sind zusätzliche Verfahren zur Integritätssicherung zu entwickeln (vgl. OMG CORBAservices (1996), S. 6·9 und 6·13).

6.3.6 Beziehungen zwischen Geschäftsobjekten

Die einzelnen Businessobjekte stehen aufgrund ihrer Semantik in unterschiedlichen Beziehungen untereinander, welche die betriebliche Diskurswelt repräsentieren. Eine Firma besteht aus mehreren Abteilungen, welche sich wiederum aus Mitarbeitern zusammensetzt. Zwischen den einzelnen Unternehmen bestehen Geschäftsbeziehungen (Kunde, Lieferant, Mitbewerber, Partner etc.). Um Geschäftsobjekte sinnvoll einsetzen zu können, muß die CORBA-

Technologie einen geeigneten Dienst bereitstellen, mit welchem sich diese Eigenschaften ausdrücken lassen. Der **Object Relationship Service** ermöglicht die Beschreibung von Beziehungen in unterschiedlichen Dimensionen.

Der Typ einer Beziehung schränkt die Typen der beteiligten Entitäten ein, so ist bspw. die Relation Arbeitgeber zwischen den Entitäten Personen und Unternehmen definiert, welche in diesem Fall die Rollen Arbeitnehmer und Arbeitgeber annehmen. Des weiteren bestimmt die Anzahl der beteiligten Rollen den Grad der Beziehung, somit ist Arbeitgeber eine binäre Beziehung, während die Kardinalität für eine Rolle die maximale Anzahl der Beziehungen beschreibt. Mittels Attributen und Operationen läßt sich zusätzlich eine Semantik zur genaueren Beschreibung der Beziehung definieren. Der Object Relationship Service repräsentiert Beziehungen zwischen zwei CORBA-Objekten, indem zwei neue Objekttypen (Relationship, Role) eingeführt werden. Bei Typ- und Kardinalitätsverletzungen werden entsprechende Exceptions erzeugt, so daß Inkonsistenzen vermieden werden können (vgl. OMG CORBAservices (1996), S. 9.1-9.3).

Für die Verwendung von Geschäftsobjekten kann die mittels Object Relationship Service gegebene Funktionalität verwendet werden, sollte jedoch um spezielle Geschäftsregeln erweitert werden. Ein Beispiel hierfür ist die Beziehung zwischen mehreren Unternehmen, welche in den Beziehungen Kunde, Lieferant, Partner etc. stehen können. Mittels eines Regelwerks besteht dann die Möglichkeit, folgende exemplarische Einschränkungen zu definieren:

- Ein Kunde darf gegen Rechnung nur bis zum Betrag von DM 100,- bestellen.
- Ein Partnerunternehmen darf keine Mitarbeiter abwerben.
- Ein Lieferant übernimmt ab einem Bestellwert vom DM 10.000,- die Transportkosten.

Die Definition dieser generalisierbaren Geschäftsregeln kann in einem semantischen Referenzsystem erfolgen, wobei ihre Anwendung auf der Ebene des Geschäftsmodells stattfindet.

6.3.7 Bewertung

Für die grundlegenden Operationen bzgl. Geschäftsobjekten stellen die Spezifikationen der CORBAservices eine geeignete Basis dar, die nur noch an wenigen Stellen (z.B. Beziehungen zwischen Objekten) um betriebliche Spezialisierungen erweitert werden kann. Ansonsten lassen sich die Dienste von Object Lifecycle Service und Persistent Object Service ohne Einschränkungen verwenden.

6.4 Kommunikation

6.4.1 Asynchrone Kommunikation

Die CORBA-Spezifikation stellt für die asynchrone Kommunikation von Geschäftsobjekten den **Object Event Notification Service** bereit, der hierfür zwei neue Objektrollen definiert: Der Produzent wird als Supplier, der Konsument als Consumer bezeichnet. In Abhängigkeit des Informationsflusses unterscheiden wir das Push Model und das Pull Model. Während beim ersten Modell der Supplier die Daten an der Consumer sendet, ergreift beim zweiten der Consumer die Initiative. Die asynchrone Kommunikation mehrerer Objekte wird durch einen Event Channel ermöglicht (vgl. OMG CORBAservices (1996), S. 4-2-4-4).

6.4.2 Lizensierung

In einem verteilten System darf i.a. nicht auf jedes Objekt beliebig zugegriffen werden, denkbar ist die Vergabe von Lizenzen, welche die Art und Umfang der Nutzungsrechte festlegen. Dieses als Lizensierung bezeichnete Verfahren trifft insb. für überbetriebliche Informationssysteme zu, falls Unternehmen Dienste von Fremdanbietern benutzen möchten. Als Beispiel lassen sich Agenturen anführen, welche für eine gewünschte Leistung (z.B. Transport von Gütern, Personalberatungen) den günstigsten Preis ermitteln.

Der **Object Licensing Service** ermöglicht die Lizensierung einzelner Objekte bzw. ganzer Kollektionen, wobei diverse Attribute verwendet werden. Jede erlaubter Zugriff kann mittels einer Start- bzw. Endzeit limitiert werden

(Time), zusätzlich können deren Anzahl und Dauer gemessen werden (Value Mapping) (vgl. OMG CORBAservices (1996), S. 12·8-12·9).

6.4.3 Suchen nach Diensten

Wird ein betriebliches Informationssystem um Komponenten erweitert, so müssen die neu hinzugekommenen Dienste den bereits vorhandenen Objekten bekanntgemacht werden, wobei sich hier die Verwendung des Object Naming Service' als zu unflexibel herausstellt. Abhilfe schafft hier der **Trading Service**, welcher auf Anfrage eines Objekts den gewünschten Dienst vermittelt.[4] Der Client tritt mit einem Vermittlerobjekt (Trader) in Kontakt, der einen geeigneten Server lokalisiert, mit dem der Client dann kommunizieren kann (vgl. Lodderstedt et al. (1996), S. 86-89).

Der Trading Service ist eine wichtige Voraussetzung für die Vision der Geschäftsobjekte, da eine dynamische Systemerweiterung erleichert wird und sich mittels leistungsfähiger Trader die günstigsten Dienste (Transport, Lieferantenpreise etc.) schnell lokalisieren lassen.

6.4.4 Bewertung

Bezüglich der Kommunikation von Geschäftsobjekten bilden die Dienste von Object Event Notification Service, Object Licensing Service und Trading Service für die Entwicklung von Business Object Frameworks, wobei insb. eine leistungsfähiges Tradingkonzept maßgeblich für die Qualität der Objektkommunikation ist.

---

[4] Zur Erklärung des Trading's werden häufig die 'gelben Seiten' angeführt.

6.5 Transaktionsverwaltung

6.5.1 Object Transaction Service

Um eine Folge von verteilten Objektaufrufen gem. der ACID-Eigenschaften durchführen zu können, spezifiziert die OMG den **Object Transaction Service (OTS)**, welche sowohl flache als auch verschachtelte Transaktionen ermöglicht. Die Funktionalität des OTS besteht in der Steuerung von Transaktionen, wobei mehrere Objekte an einer atomaren Transaktion beteiligt sein können. Zur Integritätssicherung werden die folgenden Entitäten differenziert (vgl. CORBAservices (1996), S. 10-4-10-7):

Transactional Client
Diese Bezeichnung beschreibt ein Programm, das eine Transaktion erzeugt.

Transactional Object
Diese Objekte beinhalten die Daten, auf welche während der Transaktion zugegriffen werden, wobei sie zwei Arten von Servern implementieren: Transcational Server und Recoverable Server.

Recoverable Object
Ein Recoverable Object ist ein Transactional Object, dessen Daten durch einen Committ oder Rollback der entsprechenden Transaktion angenommen werden.

6.5.2 Concurrency Control Service

Häufig greifen Geschäftsobjekte auf gemeinsame Datenobjekte zu, so daß es evtl. zu Inkonsistenzen kommen kann. Zur Synchronisation gemeinsamer Zugriffe unterscheidet der Object Concurrency Service zwei Betriebsmodi (vgl. OMG CORBAservices (1996), S. 7-1):

- Im Transaktions-Modus (Transactional Mode) setzt der Object Transaction Service die einzelnen Locks.

- Im Standardmodus (Non-Transactional Mode) hat der Concurrency Control Service die Verantwortung für das Sperren der entsprechenden Objekte.

6.5.3 Bewertung

Der Concurrency Control Service erlaubt durch das Setzen von Sperren die Integritätssicherung während eines parallelen Objektzugriffs und läßt sich ohne Modifikation für den Einsatz von Geschäftsobjekten nutzen. Dieser Dienst wird vom Object Transaction Service benutzt, dessen weiterführende Beschreibung den Rahmen der Arbeit sprengen würde. In Anlehnung an GRASSO kann der OTS Transaktionen in verteilten Systemen ermöglichen, wobei jedoch für branchenspezifische Anwendungen (Telekommunikation, Echtzeitsysteme etc.) Erweiterungen vorgenommen werden müssen (vgl. Grasso (1996), ID.7).

6.6 Workflow-Management

Für einen Geschäftsprozeß müssen i.a. unterschiedliche Transaktionen durchgeführt werden, wobei deren Koordination durch ein Workflow-Managementsystem erfolgt. Die Common Facilities Architecture stellt hierfür die **Workflow Facility** bereit, welche der Kategorie **Task Management** zugeordnet wird. Die Zielsetzung verfolgt die Verwaltung und Koordination von Objekten, die zu einem Prozeß gehören, wobei zwei Arten differenziert werden (vgl. OMG Document 95-01-02 (1995), S. 65):

- Der production-based Workflow wird für organisatorische Abläufe eingesetzt und wird gewöhnlich für die Anwendungen Configuration Management, Service Requests, Document Routing etc. eingesetzt.
- Ziel des coordination-based Workflow's ist die Unterstützung von Fachkräften bei ihren täglichen Arbeitsabläufen.

Aufgrund einer bisher fehlenden Spezifikation läßt sich bzgl. der Leistungsfähigkeit der Workflow Facility keine Aussage treffen. In dieser Ebene des Schichtenmodells ist die bspw. die Workflow Management Coalition gefordert, eine Verbindung zwischen Geschäftsobjekten und Systemen zur Vorgangssteuerung zu spezifizieren.

6.7 Geschäftsmodellierung

Die gesamte Entwicklung eines betrieblichen Informationssystems beruht auf der Modellierung der zugrundeliegenden Geschäftsprozesse, die zugleich die oberste Ebene des Schichtenmodells bilden. Die zentrale Frage beschäftigt sich mit Aufteilen der Geschäftsregeln zwischen den entsprechenden Objekten oder eigens entwickelten Prozeßobjekten. Die Vorteile der ersten Alternative liegen in einer konsequenten Umsetzung des Geschäftsmodells in ein Objektmodell, in der zu jedem Objekt die entsprechenden Methoden gekapselt sind, sowie in der Ausnutzbarkeit der resultierenden Polymorphie. Eine mögliche Methode berechneUmsatz könnte somit für jeden Artikel existieren; der Polymorphismus ermöglicht somit die Spezifikation der einzelnen Aktivitäten bei dem entsprechenden Geschäftsobjekt (vgl. Uhl et al. (1996), S. 33).

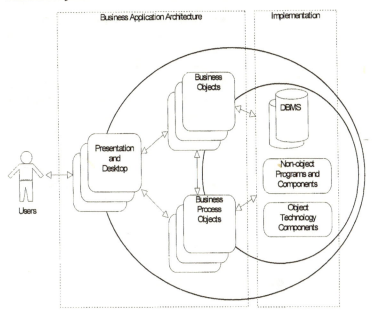

Abbildung 15: Business Application Architecture Reference Model[5]

Die Verwendung von (Geschäfts)Prozeßobjekten, die spezielle Businessobjekte darstellen, läßt sich durch eine übersichtliche und zusammenhängende Modellierung rechtfertigen. Laut CASANAVE repräsentiert diese Objektart den Informationsfluß und werden mittels Workflow-Managementsystemen oder (idealerweise objektorientierten) Programmiersprachen implementiert (vgl. Casanave (1996), S. 20). Die CORBA-Technologie bietet auf der Basis ihrer bereits standardisierten Dienste keine geeigneten Lösungsmöglichkeiten an, hier ist die Spezifikation der Business Object Domain Task Force abzuwarten.

---

[5]übernommen aus: Casanave (1996)

6.8 Sicherheitsanforderungen

Der Durchbruch einer verteilten Architektur auf der Basis von Geschäftsobjekten wird nur dann erfolgen, falls ein geeigneter Standard bzgl. eines umfangreichen Sicherheitskonzeptes existiert. Aufgrund dessen zentraler Bedeutung nimmt CORBA Security eine weitaus wichtigere Position ein, wie es die Einordnung in der Kategorie Object Services RFP-3 andeuten mag. Vielmehr stellen leistungsfähige Sicherheitsmechanismen eine Basiskomponente dar, die neben einer Architektur und Verwaltungsaufgaben umfassende Konzepte der Interoperabilität einzelner Komponenten definieren sollen. Die Basis für dieses Kapitel bildet die Spezifikation CORBA Security vom Dezember 1995, welche wir aufgrund ihrer Komplexität nur einführend beschreiben wollen.

6.8.1 Motivation für Sicherheitssysteme

Verteilte Systeme benötigen aufgrund zahlreicher Möglichkeiten für unberechtigte Eingriffe und Datenmanipulationen über das Netzwerk ein umfangreiches Sicherheitskonzept, welches folgende Funktionalitäten besitzen sollte (vgl. OMG Document 95-12-1, S. 17):

- Identifizierung und Authentisierung von Principals (Personen, Objekte etc.)
- Autorisierung und Zugriffskontrolle
- Aufzeichnung sicherheitsrelevanter Zugriffe (z.B. Senden und Empfangen von Daten)
- Sicherheit während der Kommunikation einzelner Objekte
- Verwaltung sicherheitsbezogener Informationen

Aufgrund neuer Internet-Technologien, wie bspw. der elektronische Handel, sind zusätzliche Sicherheitsanforderungen notwendig. So ist das Senden einer Nachricht zu protokollieren, so daß diese Aktion später nicht bestritten werden kann. Dieses Verfahren wird als 'Non-Redudiation' bezeichnet und laut DRAHOTA beschreibt CORBA Security als erste nicht-öffentliche Spezifikation diesbezüglich einen Standard (vgl. Drahota (1996), S. 7).

6.8.2 Security Reference Model

Die Zielsetzung dieses Referenzmodells liegt in der Festlegung der unterschiedlichen Regeln bzgl. der einzelnen Sicherheitsanforderungen, die folgende Fragen aufwerfen (vgl. OMG Document 95-12-01, S. 29):

- Unter welchen Bedingungen dürfen Clients auf Objekte zugreifen?
- Welche Authentisierung wird welchen Principals zugeordnet?
- Wie wird die Datensicherung bzgl. der Objektkommunikation garantiert?
- Welcher Level an Sicherungsanforderungen wird benötigt?

6.8.3 Security Architecture

Das zugrundeliegende Architekturmodell (s. Abb. 16) beschreibt die Einbettung der Sicherheitsmechanismen während eines Objektaufrufs, wobei vier Schichten differenziert werden (vgl. OMG Document 95-12-01, S. 61):

1. Komponenten auf Applikationsebene;
2. Komponenten (ORB Core und Services, Security Services, Sicherheitsregeln) zur Implementierung der Sicherheitsmechanismen, wobei deren Einsatz unabhängig von einer spezialisierten Sicherheitstechnologie ist;
3. Komponenten eines spezialisierten Sicherheitssystems;
4. Grundlegende Kommunikations- und Schutzmechansimen, wie sie i.d.R. von der Hardware bzw. dem Betriebssystem bereitgestellt werden.

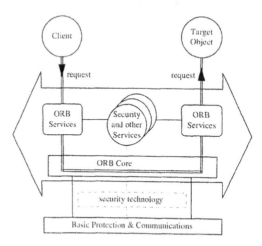

Abbildung 16: Architektur von CORBA Security[6]

6.8.4 Bewertung

Eine Zielsetzung von CORBA Security ist die Anwendbarkeit auf jegliche Arten von Softwaresystemen, welche den Anforderungen der OMG genügen. Das Referenzmodell ist aus diesem Grund so allgemein definiert, daß für die Verwendung von Geschäftsobjekten keine gesonderten Anforderungen notwendig sein sollten. Diese Tasache spiegeln auch die eingereichten Vorschläge der Industrie wider, welche i.a. auf diesen bereits standardisierten Object Service verweisen:

---

[6]Übernommen aus: OMG Document 95-12-01, S. 61.

- *„Our submission assumes that the BOF implementer will use CORBA Security Service.“* (OMG Document bom/97-01-05, S. 43)

- *„Mechanism that will be used to implement Task and Session object security include CORBA Security, Business Object Facilities, and other frameworks.“* (OMG Document bom/97-01-04, S. 12).

6.9 Präsentation der Geschäftsobjekte

Ein Ziel der Entwicklung von Geschäftsobjekten ist die einfache Programmierung, die i.d.R. von einem Anwender mit durchschnittlichem EDV-Wissen erfolgen soll. Zur Realisierung dieser Anforderung ist eine graphische Benutzeroberfläche zur Präsentation der einzelnen Objekte notwendig, wobei sich als ideale Darstellungsform Verbunddokumente eignen. Auf diesem Sektor sind derzeit zwei Technologien marktbeherrschend: Auf der einen Seite existiert die proprietäre OLE/COM-Lösung, welche aufgrund der Vormachtstellung von Windows einen hohen Verbreitungsgrad besitzt, auf der anderen Seite positioniert sich OpenDoc, welches von den Component Integration Laboratories entwickelt wurde. Als erster Standard der CORBAfacilities wurde OpenDoc als Compound Interchange Facility verabschiedet und ist somit Bestandteil der CORBA-Technologie, die jedoch nicht unbedingt jeder CORBA-konformen Implemetierung angehören muß (vgl. O.V. (1996), S. 8).

6.9.1 Grundlagen von OpenDoc

Dieses Framework wurde von mehreren DV-Unternehmen[7] im Rahmen des non-profit Konsortiums Component Integration Consortium (CI Labs) entwickkelt, das die Herstellerunabhängigkeit von OpenDoc mittels der Verbreitung von Entwicklungstools und Dokumentationen garantiert. Als Basistechnologie werden das System Object Model, Bento und die Open Scripting Architecture (OSA) verwendet. Die Firma IBM stellt mit SOM einen CORBA-konformen Ob-

---

[7]Es sind beteiligt: Apple, Borland, IBM, Lotus, Novell, Oracle, SUN, Taligent, WordPerfect und Xerox.

ject Request Broker zur Verfügung, welcher OpenDoc die Benutzung objekt-orientierter Sprachen ermöglicht: Die Kombination von OpenDoc und Som wird integraler Bestandteil der nächsten betriebssystemgeneration von Apple (Copeland) sein. Die Speicherung der Verbunddokumente wird von Bento spe-zifiziert, welches jeden verwendeten Typen plattform- und medienunabhängig unterstützt. Zur Kommunikation und Ereignissteuerung dient die dritte Tech-nologie, die als Open Scripting Architecture bezeichnet wird (vgl. Mow-bray/Zahavi (1995), S. 154-156).

6.9.2 Benutzerschnittstelle von OpenDoc

Ein Dokument in OpenDoc hat die Gestalt eines Containers, der unterschiedli-che Komponenten enthält und globale Funktionen (z.B. Undo) bereitstellt. Die einzelnen Teile können durch die entsprechende Softwareanwendung, welche als Part bezeichnet wird, bearbeitet werden und mittels der Drag-and-Drop-Technologie in ein Dokument kopiert oder referenziert werden. Jeder Contai-ner stellt mindestens die Menüs Document und Edit zur Verfügung. Das erst-genannte ersetzt das konventionelle Dateimenü, während das Edit-Menü die Funktionalität seiner Vorgänger übernimmt. Die Dokumente werden in aus-tauschbaren Formaten gespeichert und können mittels der CORBA-Technologie in Netzwerken verteilt werden. Des weiteren ist OpenDoc inter-operabel mit OLE2, so daß die einzelnen Komponenten einer Plattform jeweils in die andere eingebettet werden kann (vgl. Mowbray/Zahavi (1995), S. 151-154).

6.9.3 Bewertung

Die graphische Darstellung von Geschäftsobjekten läßt sich durch Verbunddo-kumente realisieren, wobei sowohl OpenDoc als auch die OLE2-Technologie eingesetzt werden kann. Für die Zukunft ist abzuwarten, welche der beiden Komkurrenten sich auf dem Markt durchsetzen werden.

6.10 Semantische Referenzsysteme

In den vorhergehenden Kapitel haben wir gesehen, daß für die Entwicklung eines betrieblichen Informationssystems die CORBA-Technologie eine durchaus leistungsfähige Basis bildet. Die Interoperabilität sowie der Zugriff auf unterschiedlichste Dienste (Trading, Relationship Service, Persistent Object Service etc.) scheinen zumindest die technischen Anforderungen zu erfüllen, jedoch ist die Vision des Konzeptes weitreichender. Diese beschreibt ein standardisiertes Referenzsystem für die unterschiedlichen Branchen (Finanzen, Transportwesen, Fertigung etc.), welches durch die Common Business Objects, welche eine allgemeinere Semantik besitzen, ergänzt wird. Die Standardisierungsprozesse der entsprechnden Domain Task Forces sind zum diesem Zeitpunkt erst in der Form eines Letter's of Interest initiiert worden, für die Common Business Objects wurden im Januar 1997 die ersten Vorschläge eingereicht. Die OMG hat zwei entsprechende Spezifikationen veröffentlicht, zum einen einen Vorschlag vom IBM, zum anderen einen von dem Konsortium National Industrial Information Infrastructure Protocols (NIIIP), welchem ebenfalls die Firma IBM angehört. Der erste spezifiziert lediglich die Low-Level-Objekte Decimal, Description, Address, Date/Time, Currency und InvolvedParty, während das NIIIP-Konsortium detaillierter auf die den RFP-1 einging (vgl. OMG Document bom/97-01-11 bzw. OMG Document bom/97-01-04). Beim Vorschlag von IBM fällt auf, daß die beiden Spezifikationen nicht 'typische' Geschäftsobjekte wie Kunde, Vertrag, Rechnung[8] standardisieren, sondern sich auf generelle Objekte (Adresse, Zeit Datum etc.) beschränken. Diese Tatsache scheint die Vermutung zu bestärken, welche während Diskussionen mit erfahrenen Fachleuten[9] wiederholt geäußert wurde:

Es wird sehr schwer sein, einen allgemeingültigen Standard für Geschäftsobjekte zu definieren, um diesen dann wiederzuverwenden.

Einen interessanten Ansatz zur Standardisierung verfolgt die Open Reference Initiative, welche branchenspezifische Referenzmodelle wie folgt definieren möchte: Aus den diversen Standardsoftware-Paketen (SAP, Baan etc.) werden die grundlegenden Objekte und deren Semantik identifiziert und dann durch eine einheitliche Terminologie beschrieben („Wird ein Geschäftskunde in SAP R/3 anders definiert als im Produkt der Firma Baan?"). Im zweiten Schritt

---

[8] Diese werden bei jeder informellen Definition des Begriffes Geschäftsobjekt aufgeführt.

[9] Mein Dank gilt: Martin Rösch, Dr. Jürgen Uhl, Lothar Bading.

werden Unternehmen aufgefordert, an einem Referenzmodell für ihre Branche mitzuarbeiten. Des weiteren ist eine Kooperation mit einem bekannten Verlag geplant, um betriebswirtschaftliche Definitionen und Modelle zu standardisieren. Auf dieser Basis soll dann in einem universitären Projekt die Realisierung auf Basis der CORBA-Technologie überprüft werden.[10]

---

[10] Diese Absichten wurden von Lothar Bading am 19. September 1996 während einer Präsentation des Produktes Nautilus geäußert.

7 Komponentenorientertes Vorgehensmodell

Die Entwicklung integrierter Informationssysteme auf Basis der CORBA-Technologie erfordern diverse Modifikationen im Vorgehensmodell, insb. wenn eine massive Wiederverwendung erfolgen soll. In diesem Kapitel stellen wir kurz ein Verfahren zur Entwicklung von Softwarekomponenten vor und fokussieren nachfolgend Techniken zur Wiederverwendung.

7.1 Phasen der Systementwicklung

7.1.1 Initialisierung

Jedes Projekt beginnt mit einer Initialisierungsphase, in der grundlegende Fragestellungen erörtert werden. In Anlehnung an PULFER und SCHMID werden zu Beginn eines Projektes dessen Kosten- und Nutzenverhältnis analysiert sowie die Entwicklungen der Konkurrenz betrachtet. Des weiteren ist die Integration des Vorhabens in die Unternehmensstrategie zu ermöglichen, so daß evtl. Synergien mit anderen Projekten verwertet werden können. Große Beachtung ist der Bereitstellung der notwendigen Ressourcen, insb. Projektmitarbeitern, zu schenken, da deren Fähigkeiten den Projekterfolg entscheidend beeinflussen. Zusammenfassend läßt sich feststellen, daß die Initialisierungsphase wegen der grundlegenden Entscheidungen eine wichtige Bedeutung hat, die in konventionellen Modellen häufig unterschätzt wird (vgl. Pulfer/Schmid 1994), S. 27).

7.1.2 Anforderungsanalyse

Diese anspruchsvolle Phase analysiert das zukünftige Einsatzgebiet und bildet somit die Grundlage der nachfolgenden Phasen. In Zusammenarbeit mit Spezialisten des Anwendungsgebietes wird ein Geschäftsmodell entwickelt, um eine Diskussionsbasis bzgl. der Systemanforderungen zu erhalten. Ein wichtiges Kennzeichen der Anforderungsanalyse ist die Unabhängigkeit im Hinblick auf die Zielarchitektur, um das zu entwickelnde Modell auf jede geeignete Systemumgebung übertragen zu können. Die Anforderungsanalyse beinhaltet zwei Hauptaktivitäten:

Use Case Model

Eine ausgezeichnete Methode zur Beschreibung der Systemanforderungen bildet das von JACOBSON entwickelte Konzept der Use Cases, welche Interaktionen zwischen den Benutzern und dem zukünftigen Anwendungssystem dokumentieren (vgl. Jacobson (1993), S. 156-174).

Objektmodell

Auf der Basis des Use Case Model's wird ein Objektmodell entwickelt, wobei z.Z. diverse graphische Notationen mit kleinen Unterschieden bzgl. ihrer Mächtkeit zur Verfügung stehen. Bekannte Methoden sind die Object Modeling Technique (OMT) sowie die Booch-Notation, die zusammen mit dem oben beschriebenen Use Case Model zur Unified Modeling Language (UML) weiter entwickelt werden. Eine Standardisierung von UML könnte in Zukunft von der OMG erfolgen, was den Weg für leistungsfähige Codegeneratoren auf der Basis von Objektmodellen freimacht.

7.1.3 Entwurf von Softwarekomponenten

Das Objektmodell bildet die Grundlage für das Design der einzelnen Komponenten, wobei zwei Gründe die Granularität der Bausteine beeinflussen:

Technologische Aspekte

Die Leistungsfähigkeit der einzelnen Object Request Broker ist abhängig vom vorgesehenen Einsatzgebiet und beeinflußt somit die Kommunikationsrate. Eine feinkörnige Zerlegung bedingt i.d.R. eine große Anzahl von Objektaufrufen und sollte daher nur bei Verwendung leistungsfähiger Hardware sowie effizienten ORBs zum Einsatz kommen.

Anwendungsspezifische Gründe

Die Aufteilung in Softwarekomponenten ist neben Einschränkungen bzgl. Informationstechnologien auch von organisatorischen Prozessen abhängig. So sind diverse Komponenten für Auftragsverwaltung, Kundenverwaltung etc.

denkbar, die im Gegensatz zu früheren Entwicklungen den prozeßorientierten Ablauf berücksichtigen.

7.1.4 Entwicklung

Auf der Basis des zuvor erstellten Architekturmodells wird an dieser Stelle der Quellcode der einzelnen Komponenten unter Berücksichtigung einer ausführlichen Dokumentation entwickelt. Zur Zeit existieren für generalisierbare Aufgabenbereiche Codegeneratoren unterschiedlicher Funktionalität, z.B. zur Entwicklung graphischer Benutzerschnittstellen. In der Regel werden die einzelnen Komponenten seperat entwickelt und getestet, nachfolgend werden diese dann i.a. schrittweise zu dem gewünschten Endprodukt integriert und wiederum getestet.

7.2 Einsatz der Wiederverwendung

Während des gesamten Softwareentwicklungsprozesses lassen sich in den einzelnen Phasen diverse Strategien zur Wiederverwendung von Dokumenten einsetzen. Nach einer kurzen Beschreibung der potentiellen Techniken stellen wir den Aufbau einer Softwareproduktionsumgebung (SPU) vor, welche erst eine massive Wiederverwendung sowohl in technischer als auch in ökonomischer Sicht ermöglicht.

7.2.1 Wiederverwendung in den einzelnen Phasen

7.2.1.1 Initialisierung

Für die Phase der Projektinitialisierung lassen sich selten wiederverwendbare Dokumente finden, da sich die zu berücksichtigenden Aspekte kaum generalisieren lassen. Die Startphase eines Projekts erfolgt immerin einem einen Umfeld und geänderten Randbedigungen, so daß sich nur Modelle zur Kosten-/Nutzenrechnung wiederholt einsetzen lassen.

7.2.1.2 Anforderungsanalyse

Die Wiederverwendung in diesem Projektabschnitt erfordert die Existenz eines generalisierten Objektmodells des Anwendungsgebietes, welches für die konkrete Systemumgebung spezialisiert wird. APPELFELLER schlägt die Entwicklung eines Problembereichsmodells vor, das allgemeine Eigenschaften des entsprechenden Gebiets beinhaltet, um auf dieser Basis die Analyse konkreter Systeme durchzuführen (vgl. Appelfeller 1995), S. 121). Zum erstmaligen Erstellungsprozeß, der in erster Linie auf Erfahrungswerten beruht, kann auf folgende Richtlinien zurückgegriffen werden (vgl. Prieto-Diaz (1988), S. 350, zitiert nach: Appelfeller (1995), S. 123):

- Identifikation von Objekten und den entsprechenden Operationen
- Abstraktion und Klassifikation

7.2.1.3 Entwurfsphase

Analog zu den Problembereichsmodellen erfordert die Designphase generalisierte Entwurfsmodelle, die vier grundlegende Komponenten beinhalten (vgl. Coad/Yourdon (1992), S. 26, zitiert nach: Appelfeller (1995), S. 155-156):

- Die Problembereichskomponente vervollständigt das Problembereichsmodell um Implementierungsdetails.
- Die Benutzerschnittstelle wird durch die Benutzerschnittstellenkomponente beschrieben.
- Zur Modellierung nebenläufiger Prozesse dient die Taskmanagementkomponente.
- Die Datenmanagementkomponente ermöglicht die Persistenz der Daten.

Die Bereitstellung generalisierter Entwurfsmuster ist das Ziel der in Kapitel 3.3 vorgestellten Design Patterns, welche somit eine solide Basis zur Wiederverwendung bereits erprobter Entwürfe ermöglichen.

7.2.1.4 Implementierung

Die ersten Ansätze zur Wiederverwendung fanden in der Implementierungsphase statt und wurde i.d.R. durch das Kopieren von Quellcode erzielt. Moderne Programmiertechniken sehen die Verwendung von Frameworks (s. Kapitel 3.4) vor, welche insb. die Wiederverwendung von Kontrollflüssen erlauben. Für die Implementierung von Geschäftsobjekten sollen bald leistungsfähige Produkte zur Verfügung stehen, welche die schnelle Anwendungssystementwicklung mit wiederverwendbaren Objekten ermöglichen. Des weiteren können standardisierte Testdaten die Fehlersuche vereinfachen und somit die Qualität der Software erhöhen.

7.2.1.5 Betrieb und Wartung

Das Potential der Wiederverwendung liegt hauptsächlich in der Konstruktion von Informationssystemen, obwohl die Einsatzphase eine wichtige Bedeutung für die Qualität der Dokumente besitzt. Wird ein Framework häufig eingesetzt und erfolgt im Fall aufgetretener Fehler eine Rückmeldung an das Entwicklungsteam, so erfolgt im Rahmen einer fortlaufenden Modifikation eine Qualitätssteigerung.

7.2.2 Verwaltung wiederverwendbarer Dokumente

Der wichtigste Faktor für den erfolgreichen Einsatz wiederverwendbarer Komponenten ist eine geeignete Softwareproduktionsumgebung für die Verwaltung der einzelnen Dokumente. Laut LINDNER besteht eine SPU idealerweise aus vier Komponenten. Das zentrale Element ist ein **objektorientiertes Repository**, welches der Online-Verwaltung aller Ergebnisse des Softwareentwicklungszyklus dient. Diese setzen sich hauptsächlich aus Analyse- und Designergebnissen, Quelltexten, Make-, DLL-, Image-Files, sowie Binärdateien und umfangreichen Testdateien zusammen, wobei alle Komponenten mit ihren Beziehungen untereinander direkt von den einzelnen Werkzeugen manipuliert werden können. Auf das Repository, dessen leistungsfähige Konfigurations- und Änderungsverwaltung die unterschiedlichen Versionen und Konfigurationen der einzelen Bausteine verwaltet, haben drei Komponenten Zugriff.

Das **Analyse- und Designmodul** erstellt mittels eines Generators Objektmodelle der führenden Methoden; hier ist aufgrund der derzeit fehlenden Standardisierung die Anpassung an Änderungen bzw. Erweiterungen notwendig.

Für die Umsetzung der Modelle in Quelltexte bzw. in ablauffähigen Binärcode ist die **Programmierumgebung** verantwortlich, welche die marktbeherrschenden Sprachen wie C++, Smalltalk und zukünftig wahrscheinlich auch objektorientiertes COBOL[11] unterstützt.

Der **Reuse-Manager** dient der gezielten Suche der im Repository gespeicherten Dokumente, wobei die üblichen Techniken wie Browsing oder Suche nach Namen nicht ausreichen. Hier sind geeignete Klassifikationsverfahren notwendig, um eine befriedigende Treffergenauigkeit zu erhalten (vgl. Lindner (1996), S. 14 -16).

7.3 Migrationsstrategien

Insbesondere EDV-Großanwender besitzen Hard- und Softwaresysteme, für deren Anschaffung Investitionen in Millionenhöhe getätigt wurden, so daß sie aus Kostengründen nicht ersetzt werden können, sondern in Kombination mit neuen Technologien weiter eingesetzt werden müssen. Die Integration dieser sog. Legacy Systems in verteilte Systemarchitekturen bildet ein großes Hindernis für die Einführung der Geschäftsobjekte auf Komponentenbasis. Aus diesem Grund untersuchen wir nachfolgend, aufbauend auf der Charakterisierung vorhandener Systeme, eine Migrationsstrategie, die nachfolgend durch eine kurze Projektbeschreibung veranschaulicht wird.

7.3.1 Merkmale von Legacy Systems

Nach der Meinung von KONSTANTAS sind vorhandene Informationssysteme großer Unternehmen älter als zehn Jahre und besitzen mehrere Millionen Quellcodezeilen, die mittels einer unstruktierten Vorgehensweise entwickelt wurden. Während der Einsatzphase wurden i.d.R. zusätzliche Erweiterungen realisiert, wobei die Dokumentation des Systems, falls überhaupt vorhanden, ihren Zweck kaum erfüllte. Die Problematik der Legacy Syssteme gestaltet sich wie folgt (vgl. Konstantas (1996), S. 100-101):

---

[11]für 1997 ist ein ANSI-Standard angekündigt.

- Dem System können kaum neue Funktionalitäten hinzugefügt werden, welche durch geänderte Marktanforderungen benötigt werden.
- Die Software kann selten auf neue Hardwareplattformen portiert werden. Ist dies aus technischer Sicht möglich, so sind die entstehenden Kosten nicht mehr vertretbar.
- Aufgrund der häufig mangelhaften Dokumentation sowie der nachträglichen Erweiterungen wird eine Wartung immer teurer und nimmt immer mehr Zeit in Anspruch.

Aus Gründen des Investionsschutzes ist eine Zielsetzung der IT-Strategie, eine Koexistenz zwischen den Legacy Systems und neu entwickelten Applikationen zu ermöglichen. Aus den unterschiedlichen Techniken zur Migration betrachten wir im nächsten Abschnitt einen Ansatz, für das insb. die CORBA-Middleware prädestiniert zu sein scheint und aus diesem Grund das Potential besitzt, Komponenten auf der Basis von Businessobjekten zu integrieren.

7.3.2 Kapselung von Objekten

Laut MOWBRAY und ZAHAVI läßt sich die Migration von Legacy Systems durch das 'Umhüllen' (Wrapping) einzelner Komponenten des vorhandenen Systems erreichen, indem der entsprechende Baustein eine Schnittstelle in OMG IDL-Notation erhält. Der Zugriff auf diese Object Wrapper erfolgt mittels einer speziellen Interoperabilitätsschicht, so daß es für einen Client nicht ersichtlich ist, ob er eine Methode eines neu entwickelten Geschäftsobjekts oder eine Komponente des Legacy Systems aufruft. Die Vorteile dieser Vorgehensweise lassen sic wie folgt beschreiben (vgl. Mowbray/Zahavi (1995), S. 231-233):

- Es erfolgt kaum Zugriff auf den Quellcode bzw. der Dokumentation der Legacy Systems.
- Das Wrapping gewährleistet das Verbergen von Informationen (Information Hiding).
- Die Benutzung von abstrakten Application Program Interfaces (APIs) macht die Komplexität der Altsysteme transparent.
- Mitttels Wrapping können evtl. auch nur Teilsysteme migriert werden.

7.3.3 Projekt CHASSIS

Eine Strategie zur Migration von Altsystemen in eine CORBA-Umgebung beschreibt CHASSIS (Configurable, Heterogeneous, And Safe, Secure Information Systems), ein Schweizer Forschungsprojekt, an dem Universitäten von Zürich und Genf, sowie die Forschungsabteilung von Asea Brown Boveri (ABB) in Baden beteiligt sind. Das letztgenannte Unternehmen sah sich vor die Aufgabe gestellt, auf seine bestehenden Informationssysteme (CAD-Anwendungen, branchenspezifische Software) mittels einer CORBA-Middleware zugreifen zu können. Hierfür wurde eine Interoperabilitätschicht entwickelt (Interoprability Support Layer), die folgenden Leistungsumfang besitzt (vgl. Konstantas (1996), S. 101):

- Die einzelnen Anwendungen sind interoperabel.
- Die Schicht stellt ein umfangreiches Sicherheitskonzept sowie darauf aufbauende Mechanismen bereit.
- Verschiedene Datenverzeichniss werden in eine gemeinsame Datenbank integriert.
- Eine leichte Rekonfiguration der Informationssysteme sowie der ABB Entwicklungsumgebung ist gewährleistet.

8 Resümee

Das dominierende Paradigma zukünftiger Entwicklungen besteht in der Integration wiederverwendbarer Softwarekomponenten zu flexiblen Informationssystemen auf der Basis moderner Middlewareplattformen. Die Synergie der Objekttechnologie mit modernen Integrationstechnologien liefert nach meiner Ansicht zumindest das Potential, das Spannungsdreieck Qualität, Kosten und Zeit für die zukünftige Anwendungssystementwicklung zu entschärfen.

In unserer Bewertung betrachten wir zunächst die aktuellen Erfahrungen und leiten aus diesem Entwicklungsstand die derzeitigen Vorteile ab. Weitaus interessanter gestaltet sich ein Überblick der Visionen, welche die Object Management Group nach ihren Standardisierungsprozessen besitzt. Insbesondere das Jahr 1997, in dem auch eine Spezifikation für wiederverwendbare Geschäftsobjekte vorgesehen ist, dürfte eine Schlüsselrolle in dieser Entwicklung spielen.

8.1 Entwicklungspotential aus heutiger Sicht

Obwohl noch kein allgemeingültiger Standard zur Definition CORBA-basierter Geschäftsobjekte existiert, lassen sich die von diesem Modellierungskonzept ermöglichten Vorteile schon jetzt nutzen. Insbesondere existieren in Verbindung mit der CORBA-Technologie als Integrationsbasis folgende Vorteile gegenüber der konventionellen Software-Entwicklung:

Integration Business Engineering und Software Engineering

Der weitaus größte Vorteil ergibt sich aus der einheitlichen Modellierung einerseits der Softwareentwicklung und andererseits der Geschäftsmodellierung. Allein aufgrund der Verwendung eines einzigen Modells reduziert den Entwicklungsaufwand, da der nun nicht mehr existierende semantische Bruch nicht mehr berücksichtigt werden muß. Vielmehr besteht die Möglichkeit, wechselnde Anforderungen seitens der Geschäftsprozesse direkt in der Softwareentwicklung zu adaptieren.

Definition langlebiger Businessobjekte

Die Lebensdauer der konventioneller Objekte erstreckt sich vom Programm-
aufruf bis maximal zur Terminierung der Applikation, wobei die Objekte ggf.
gespeichert werden. Bei einem erneuten Aufruf der Anwendung ist aber keinesfalls gewährleistet, daß die einzelnen Objekte ihre ursprüngliche Referenz
behalten, i.d.R. besitzen sie eine andere Identität, obwohl sie weiterhin das
selbe Objekt aus der betrieblichen Diskurswelt beschreiben. Die CORBA-
Technologie ermöglicht mittels des Persistent Object Services die Speicherung
der Geschäftsobjekte unter Beibehaltung der einmal vergebenen Objektreferenz. Aufgrund dieser Eigenschaft können betriebliche Objekte langlebig verwendet werden und bilden somit ein konsistentes Abbild der Realität.

Integration mit Object Request Brokern eines Herstellers

Für unternehmensweite Anwendungen auf der Basis von Geschäftsobjekten
können i.d.R. ORBs eines Herstellers verwendet werden. Diese Einschränkung
erfordert keine Interoperabilität gemäß des CORBA-2 Standards, welcher aufgrund unterschiedlicher Behandlung der Objektreferenzen zusätzliche Definitionen für die Verwendung von Businessobjekten benötigt. Der Preis dieser
Lösung besteht in der Tatsache, daß die Vision der weltweiten Kommunikation
auf diese Weise nicht realisiert werden kann.

8.2 Zukunftsvisionen

Obwohl die zuvor erwähnten Vorteile der Verwendung von Businessobjekten
schon eine beachtlichtliche Verbesserung in der Systementwicklung darstellen,
sind die Erwartungen sehr viel höher. Die Hoffnungen liegen auf der Definition
eines herstellerübergreifenden Standards, so daß auf dieser Basis semantische
Referenzsysteme entwickelt werden können, welche die Integration marktkäuflicher Softwarekomponenten zu Anwendungssystemen ermöglichen. Aufgrund dieser Voraussetzung soll die Interoperabilität aller physisch verbunden
betrieblichen Informationssysteme gewährleistet sein, um auf diese Weise
verteilte Applikationen auch überbetrieblich zu realisieren. Aus meiner Sicht
werden folgende Entwicklungstendenzen die Entwicklung zukünftiger Informationssysteme dominieren:

marktkäufliche Komponenten

Eine häufig erwähnte Vision ist der Aufbau eines Marktes für Softwarekomponenten, die aufgrund der CORBA-Schnittstellen unabhängig vom Hersteller zu Anwendungssystemen integriert werden können. Diese Entwicklung verspricht eine Vielzahl von Vorteilen, welche den zukünftigen Herstellungsprozeß von Informationssystemen revolutionieren könnte. Sollte es eines Tages möglich sein, aus einem Angebot von Softwarekomponenten gleicher Funktionalität, z.b. Baustein zur Lagerverwaltung, einen geeigneten käuflich zu erwerben und ohne einen Verlust an Semantik zu integrieren, so würde einerseits der Preis für die einzelnen Komponenten aufgrund eines hohen Angebots stark sinken, anderseits werden sich nur qualitativ hochwertige Produkte auf dem Markt behaupten können. Des weiteren ist der Kunde aufgrund leistungsfähiger Integrationsplattformen nicht mehr an einen Hersteller gebunden. Das Spannungsdreieck mit den Größen Qualität, Kosten und Zeit dürfte durch den Vertrieb von Softwarebausteinen entschärft werden. Die Hoffnung dieser Vision begründet sich aus dem Erfolg aktueller Standardsoftware. Insbesondere auf der Plattform MS-Windows haben sich mehrere Standardanwendungen (z.B. MS-Word, MS-Excel etc.) etabliert, wobei sich im Laufe der Zeit das Preis-Leistungsverhältnis stark verbessert hat.

Zur Realisierung des skizzierten Marktes für Softwarebausteine ist jedoch eine Vielzahl von derzeit ungelösten Problemen zu lösen. Der Erfolg heutiger Standardanwendungen läßt sich nicht ohne weiteres auf Geschäftsobjekte übertragen. Eine Textverarbeitung besitzt einen viel geringen Grad an Semantik und läßt sich aus diesem Grund auch leichter standardisieren und wiederverwenden. Die wichtigste Voraussetzung für einen allgemeingültigen Standard sind herstellerübergreifende semantische Referenzsysteme für bestimmte Anwendungsbereiche, um die wichtige Forderung der semantischen Interoperabilität sicherzustellen. Obwohl schon heute unternehmensintern diese Referenzmodelle in Grundzügen entwickelt werden und die Object Management Group einen Standardisierungsprozeß in diesem Jahr initiiert hat, ist es in naher Zukunft wohl nicht möglich, den hohen Anforderungen der semantischen Interoperabilität zu genügen. Vielmehr präsentieren sich die betrieblichen Prozesse in einer derart vielgestaltigen Form, daß semantische Referenzsysteme nur auf relativ niedriger Ebene und für spezielle Anwendungsbereiche entwickelt werden können. In diese Kategorie fallen größtenteils Applikationen aus dem Bereich des Versicherungs- und Kreditwesens.

Internet/Intranet

Das weltumspannende Internet sowie innerbetriebliche Intranets können in naher Zukunft eine Plattform für Geschäftsobjekte bilden. Diese Vision beschreibt überbetriebliche Informationssysteme, in denen interoperable Anwendungen weltweit kommunizieren und mittels leistungsfähigen Agenten Informationen suchen. Neben technischen Modifikationen zur Reduktion der Netzwerklast sind hier ebenfalls die semantischen Referenzsystemen von großer Bedeutung, so daß der Einsatz interoperabler überbetrieblicher Informationssysteme wohl eher in weiter Ferne liegt.

9 Literaturverzeichnis

Adler, R. (1995): „Emerging Standards for Component Software." In: IEEE Computer, März 1995, S. 68-77.

Appelfeller, W. (1995): „Wiederverwendung im objektorientierten Software-entwicklungsprozeß, dargestellt am Beispiel der Entwicklung eines Lagerlogistiksystems." Frankfurt am Main et al.: Lang. (Zugl.: Osnabrück, Univ., Diss., 1994).

Ben-Nathan, R. (1995): „CORBA: A Guide To Common Object Request Broker Architecture." New York et al.: McGraw-Hill.

Biggerstaff, T. J.; Richter, Ch. (1989): „Reusability Framework, Assessment, and Directions." [12] In: Biggerstaff, T. J.; Perlis, A. (Hrsg.): „Software Reusability: Concepts and Models." Volume 1. New York et al.: ACM Press.

Bischofberger, W.R. (1995): „Frameworkbasierte Softwareentwicklung." In: Conference Proceedings „OOP '96" München, New York et al.: SIGS, S. 17-22.

Birrer, A.; Bischofberger, W.R.; Eggenschwiler, Th. (1995): „Wiederverwendung durch Frameworks - vom Mythos zur Realität." OBJEKTspektrum, Heft 5, S. 18-26.

Boehm, B. (1976): „Software Engineering." In: IEEE Transactions on Computers, C-25, No. 12, S. 1226-1241.

Boehm, B. (1988): „A spiral model of software development and enhancement." In: Computer, Vol. 21, No. 5, S. 61-72.

Brockschmidt, K. (1994): „Inside OLE 2: The Fast Track to Building Powerful Object-Oriented Applications." Redmond: Microsoft Press.

---

[12]Dieser Artikel ist ein Nachdruck von: IEEE Software, Vol. 4, No.2, März 1987.

Chen, P. (1976): „The Entity-Relationship-Model: Toward a Unified View of Data." In: ACM Transactions on Database Systems, Vol. 1, No. 1, S. 9-36.

Coad, P.; Yourdon, E. (1992): „Object-Oriented Design." Englewood Cliffs.

DeMarco, T. (1979): „Structured Analysis and Systems Specification." Englewood Cliffs: Yourdon Press.

Donovan, J. (1994): „Business Re-engineering with Information Technology: Sustaining Your Business Advantage - An Implementation Guide." Englewood Cliffs: Prentice Hall.

Drahota, T. (1996): „The CORBA Security Specification." In: FIRST CLASS, Volume VI, Issue III, Number 32, Juni/Juli 1996, Framingham: Object Management Group, S. 7-8.

Emmerich, W.; Ferrandina, F.; Arlow, J. (1996): „Die CORBAServices der OMG – ein Überblick." In: OBJEKTspektrum, Heft 6, S. 46-56.

Ferstl, O.; Sinz, E. (1993): „Grundlagen der Wirtschaftinformatik." Band 1. München, Wien: Oldenbourg.

Flanagan, D. (1996): „ Java in a nutshell." Deutsche Ausgabe. Bonn et al.: O'Reilly.

Frank, U. (1994): Multiperspektivische Unternehmensmodellierung: Theoretischer Hintergrund und Entwurf einer objektorientierten Entwicklungsumgebung." München, Wien: Oldenbourg. (Zugl.: Marburg, Univ., Habil.-Schr., 1993).

Gamma, E.; Helm, R.; Johnson, R.; Vlissides, J. (1996): „Entwurfsmuster: Elemente wiederverwendbarer objektorientierter Software." Bonn: Addison-Wesley.

Grasso, E. (1996): „An Extended Transaction Service for Real-Time and Telecom Object Request Brokers." In: Proceedings „Object World" Frankfurt. 10. Oktober 1996. ID.7.

Heilmann, H. (1989): „Integration: Ein zentraler Begriff der Wirtschaftsinformatik im Wandel der Zeit." In: Theorie und Praxis der Wirtschaftsinformatik, 26. Jg., Heft 150, S.46-58.

Hertel, U. (1995): „Spezifikation und Implementierung von flexiblen Business-Objekten für eine sich wandelnde Welt." In: OBJEKTspektrum, Heft 6, S. 36-39.

Hetzel-Herzog, W. (1994): „Objektorientierte Softwaretechnik: Integration und Realisierung in der betrieblichen DV-Praxis." Braunschweig, Wiesbaden: Vieweg.

Holzer, T. (1996): „Objektorientierte Standardsoftware?" In: OBJEKTspektrum, Heft 1, S. 68-71.

Hubert, R. (1996): „An Overview of the iO Evolutionary Foundation Architecture (EFA)." In: Conference Proceedings „Software DevCon '96" Wiesbaden. New York et a.: SIGS, S. 81-90.

Jacobson, I. (1993): „Object-Oriented Software Engineering: A Use Case Drive Approach." 4. Auflage. Wokingham et al.: Addison Wesley.

Josuttis, N. (1996): „Die Wahrheit über Verberbung in C++." In: Conference Proceedings „OOP '96" München. New York et al.: SIGS, S. 73-81.

Karer, A.; Müller, B. (1994): „Client/Server-Technologie in der Unternehmenspraxis: Vision und Realität der Informationsverarbeitung im restrukturierten Unternehmen." Berlin et al.: Springer.

Kavanagh, D. (1996): „Comparing Methods - A Pragmatic View. Past, Present, and Future Trends." In: Conference Proceedings „OOP '96" München, New York et al.: SIGS, S. 273-284.

Konstantas, D. (1996): „Migration of legacy applications to a CORBA platform:a case study" In: Schill, A. et al. (Hrsg.): „Distributed Platforms: Proceedings of the IFIP/IEEE International Conference on Distributed Platforms." London et al.: Chapman & Hall, S. 100-112.

Langendörfer, H.; Schnor, B. (1994): „Verteilte Systeme." München, Wien: Hanser.

Lindner, U. (1996): „Massive Wiederverwendung: Konzepte, Techniken und Organisation." In: OBJEKTspektrum, Heft 1, S. 10-17.

Lodderstedt, T.; Kracke, G.; Hubert, R. (1996): „Dienstvermittlung in verteilten objektorientierten Systemen." In: OBJECTspektrum, Heft 5, S. 86-93.

Mertens, P. (1991): „Integrierte Informationsverarbeitung: Administrations- und Dispositionssysteme in der Industrie." Band 1. 8. Auflage. Wiesbaden: Gabler.

Meyer, Hanns-Martin (1994): „OLE2: Das Objektmodell für die Windows-Welt." In: OBJEKTspektrum, Heft 4, S. 48-52.

Mowbray, T.J.; Zahavi, R. (1995): „The Essential CORBA: Systems Integration Using Distributed Objects." New York et al.: Wiley & Sons.

Olsowsky-Klein, G. (1995): „Client/Server-Entwicklung durch Microsoft Solutions Framework und OLE." In: OBJEKTspektrum, Heft 6, S. 40-49.

OMG (1996b): „OMG adopts COM / CORBA Interface." In: FIRST CLASS, Volume VI, Issue III, Number 32, Juni/Juli 1996, Framingham: Object Management Group, S. 3.

O.V. (1996): „ OMG wählt OpenDoc." In OBJEKTspektrum, Heft 4, S. 8.

O.V. (1997): „CORBA-2.0-Implementierung." In OBJEKTspektrum, Heft 1, S. 10.

Pulfer, R.; Schmid, U. (1994): „Der Objekt-Orientierte Weg: Vorgehensmodell für den Bau und die Beschaffung von Informatiklösungen." Riehen: OBJECTECH.

Prieto-Diaz, R. (1988): „Domain Analysis for Reusability. In: Tracz, W. (Hrsg.): „Tutorial: Software Reuse: Emerging Technology." Washington, S. 347-353.

Prins, Robert (1996): „Developing Business Objects: A framework driven approach." London et al.: McGraw-Hill.

Redlich, J.-P. (1996): Corba 2.0: Praktische Einführung für C++ und Java." Bonn et al.: Addison-Wesley.

Rösch, M. (1995a): „Business Objekte vereinfachen die Struktur von Informationssystemen." In: OBJEKTspektrum, Heft 4, S. 70-75.

Rösch, M. (1995b): „Objektorientiertes COBOL – Die Wüste lebt." In: OBJEKTspektrum, Heft 6, S. 12-19.

Rosenberry, W.; Kenney, D.; Fisher, G. (1993): „Understanding DCE." Sebastopol: O'Reilly & Associates, Inc.

Roy, M.; Ewald, A. (1994): „DCE RPC versus ORB." In OBJEKTspektrum, Heft 4, S. 45-47.

Schill, A. (1993): „DCE - Das OSF Distributed Computing Enviroment: Einführung und Grundlagen." Berlin et al.: Springer.

Siegel, J. (1996): OMG's Domain Task Forces: Getting Started." In: FIRST CLASS, Volume VI, Issue IV, Number 33, August/September 1996, Framingham: Object Management Group, S. 6-8.

Sims, O. (1994): „Business objects: Delivering cooperative objects for client-server." London et al.: McGraw-Hill.

Soley, R. (1996): „Standards for Distributed Platforms" In: Schill, A. et al. (Hrsg.): „Distributed Platforms: Proceedings of the IFIP/IEEE International Conference on Distributed Platforms." London et al.: Chapman & Hall, S. 3-6.

Sommerlad, P. (1996); „Entwurfsmuster für Software-Architektur." In: OB-JEKTspektrum, Heft 2, S. 16-20.

Stahlknecht, P. (1995): „Einführung in die Wirtschaftsinformatik." 7. Auflage. Berlin et al.: Springer.

Stal, M.; Steinmüller, U. (1996): „Componentware - Everywhere ?" In: Conference Proceedings „OOP '96" München, New York et al.: SIGS, S. 248-250.

Stein, W. (1994): „Objektorientierte Analysemethoden: Vergleich, Bewertung, Auswahl." Mannheim et al.: BI-Wissenschaftsverlag. (Angewandte Informatik; Bd. 12).

Taligent (1995): „Vorteile objektorientierter Frameworks." In: OBJEKTspektrum, Heft 5, S. 10-16.

Tanenbaum, A. (1995): „Verteilte Betriebssysteme." München et al.: Prentice Hall.

Taylor, D.A. (1995): „Business Engineering with Object Technology." New York et al.: Wiley & Sons.

Thienen, W. von (1995): „Client/Server: Technologie und Realisierung im Unternehmen." Braunschweig, Wiesbaden: Vieweg.

Tresch, M. (1996): „Middleware: Schlüsseltechnologie zur Entwicklung verteilter Informationssysteme." In: Informatik-Spektrum, Band 19. Heft 5. Oktober 1996. S. 249-256.

Uhl, J.; Schlangmann, H.; Schäfer, S. (1996): „Architektur objektorientierter Systeme – heute und morgen." In: In: Conference Proceedings „Software DevCon '96" Wiesbaden. New York et al.: SIGS, S. 31-34.

Yang, Z; Vogel, A. (1996): Achieving Interoperability between CORBA and DCE Applications Using Bridges." In: Schill, A. et al. (Hrsg.): „Distributed Platforms: Proceedings of the IFIP/IEEE International Conference on Distributed Platforms." London et al.: Chapman & Hall, S. 144-155.

Wagner, M. (1995): „CORBA 2.0 – Details des Interoperabilitätsstandards der OMG." In: OBJEKTspektrum, Heft 3, S. 62-70.

10 Quellenverzeichnis

Andersen Consulting: (1996): „Eagle Specification."
http://www.ac.com/eagle/paper. Oktober 1996.

Brando, Th. (1996): „Comparing DCE and CORBA."
http://www.mitre.org/research/domis/reports//DCEvCORBA.html. September 1996.

Brodie (1995): „OMG Technology In Support Application Interoperability Under OMG's Proposed Re-organization."
ftp://ftp.gte.com/pub/dom/omg/BOMSIG-WhitePaper-1.ps. August 1996.

Casanave, C. (1996): „Business-Object Architectures and Standards."
http://www.tiac.net/users/jsuth/oopsla/oo95summary/casanpub.pdf. August 1996.

Duden (1990): „Das Fremdwörterbuch." Band 5. Mannheim et al.: Dudenverlag.

OMG (1996): „CORBAservices: Common Object Services Specification."
http://www.omg.org/corbserv/corbser.htm.

OMG CORBA 2.0 (1995): „The Common Object Request Broker: Architecture and Specification."

OMG BODTF (1997): „Common Business Object and Business Object Facility RFP."   http://www.omg.org/schedule/CF_RFP4.htm

OMG Document 92-09-02 (1992): „OMG Architecture Guide Chapter 4: The OMG Object Model."

OMG Document 93-09-15 (1993): „CORBA 2.0 Interoperability & Initialization RFP."

OMG Document 94-09-13 (1994): „Common Facilities RFP-1."

OMG Document 95-01-02 (1995): „Common Facilities Architecture." Revision 4.0

OMG Document 95-01-47 (1995): „Object Services Architecture." Revision 8.1

OMG Document 95-03-22 (1995): „OMG's Object Models."

OMG Document 95-12-01 (1995): „CORBA Security."

OMG Document bom/97-01-04 (1997): „Task and Session Objects." OMG BODTF RFP-1. Submission: NIIIP Consortium.
ftp://ftp.omg.org/pub/docs/bom/97-01-04.pdf. Januar 1997.

OMG Document bom/97-01-05 (1997): „Business Object Facility." OMG BODTF RFP-1. Submission: System Software Associates Inc., supported by: Unisys Corporation. ftp://ftp.omg.org/pub/docs/bom/97-01-05.pdf. Januar 1997.

OMG Document bom/97-01-11 (1997): „Common Business Objects." OMG BODTF RFP-1.   Submission: IBM   .
ftp://ftp.omg.org/pub/docs/bom/97-01-11.pdf. Januar 1997.

OMG Document cf/96-01-04 (1996): „Common Facilities RFP-4: Common Business Objects and Business Object Facility"
ftp://ftp.omg.org/pub/docs/bom/96-01-04.pdf.

SAP (1996): „System R/3: SAP Business Objects." SAP AG: Walldorf.

Siegel (1995): ftp://ftp.omg.org/working/drafts/chap01.ps,
ftp://ftp.omg.org/working/drafts/chap02.ps,
ftp://ftp.omg.org/working/drafts/chap03.ps,
ftp://ftp.omg.org/working/drafts/chap04.ps. August 1996.

Soley (1993): „Creating Industry Consensus."
ftp://ftp.omg.org/pub/presentation/consensus.ppt. Juni 1996.

Erklärung

Hiermit versichere ich, daß ich die Arbeit
selbständig verfaßt und keine anderen als die
angegebenen Hilfsmittel benutzt habe.

_____

Ort und Datum

_____

Unterschrift

Diplomarbeiten Agentur

Die Diplomarbeiten Agentur vermarktet seit 1996 erfolgreich
Wirtschaftsstudien, Diplomarbeiten, Magisterarbeiten, Dissertationen
und andere Studienabschlußarbeiten aller Fachbereiche und Hochschulen.

Seriosität, Professionalität und Exklusivität prägen unsere Leistungen:

- Kostenlose Aufnahme der Arbeiten in unser Lieferprogramm
- Faire Beteiligung an den Verkaufserlösen
- Autorinnen und Autoren können den Verkaufspreis selber festlegen
- Effizientes Marketing über viele Distributionskanäle
- Präsenz im Internet unter **http://www.diplom.de**
- Umfangreiches Angebot von mehreren tausend Arbeiten
- Großer Bekanntheitsgrad durch Fernsehen, Hörfunk und Printmedien

Setzen Sie sich mit uns in Verbindung:

Diplomarbeiten Agentur
Dipl. Kfm. Dipl. Hdl. Björn Bedey —
Dipl. Wi.-Ing. Martin Haschke ——
und Guido Meyer GbR ————

Hermannstal 119 k ————
22119 Hamburg ————

Fon: 040 / 655 99 20 ————
Fax: 040 / 655 99 222 ————

agentur@diplom.de ————
www.diplom.de ————

Diplomarbeiten Agentur

www.diplom.de

- **Online-Katalog**
  mit mehreren tausend Studien

- **Online-Suchmaschine**
  für die individuelle Recherche

- **Online-Inhaltsangaben**
  zu jeder Studie kostenlos einsehbar

- **Online-Bestellfunktion**
  damit keine Zeit verloren geht

Wissensquellen gewinnbringend nutzen.

Wettbewerbsvorteile kostengünstig verschaffen.